McGRAW-HILL

French

rencontres
second part

Jo Helstrom

Conrad J. Schmitt

Webster Division
McGraw-Hill Book company

NEW YORK • ATLANTA • ST. LOUIS • DALLAS • SAN FRANCISCO
• AUCKLAND • BOGOTÁ • HAMBURG • JOHANNESBURG •
LONDON • MADRID • MEXICO • MONTREAL • NEW DELHI •
PANAMA • PARIS • SÃO PAULO • SINGAPORE • SYDNEY • TOKYO
• TORONTO

credits

EDITOR • Jacqueline Rebisz
DESIGN SUPERVISOR • James Darby
PRODUCTION SUPERVISOR • Salvador Gonzales
ILLUSTRATORS • Bert Dodson • Hal Frenck • Les Gray
• Susan Lexa • Jane McCreary
• Susan Swan • George Ulrich
PHOTO EDITOR • Alan Forman
PHOTO RESEARCH • Ellen Horan
COVER DESIGN • Group Four, Inc.
LAYOUT AND DESIGN • Function thru Form, Inc.
LANGUAGE CONSULTANT • Jean-Jacques Sicard,
Alliance Française
EDITORIAL CONSULTANTS • Lorraine Garrand
• Deborah Jennings • Carroll Moulton
• Jean-Jacques Sicard • Carolyn Weir

• Cartographer • David Lindroth

This book was set in 10 point Century Schoolbook by Monotype Composition Co., Inc. Color separation was done by Schawkgraphics, Inc.

Library of Congress Cataloging in Publication Data

Helstrom, Jo.
  McGraw-Hill French rencontres.

  Includes index.
  Summary: A textbook for high school students, introducing the fundamentals of French grammar and vocabulary through written and oral exercises and providing cultural information about French-speaking countries throughout the world.
  1. French language—Text-books for foreign speakers— English. 2. French language—Grammar—1950– . [1. French language—Grammar] I. Schmitt, Conrad J. II. Title.

PC2129.E5H44 1986 448.2'421   84-23330

ISBN 0-07-028192-0

2 3 4 5 6 7 8 9 DOCDOC 94 93 92 91 90 89 88 87 86

acknowledgments

The authors wish to express their appreciation to the many foreign language teachers throughout the United States who have shared their thoughts and experiences with us. We express our particular gratitude to those teachers listed below who have carefully reviewed samples of the original manuscript and have willingly given of their time to offer their comments, suggestions, and recommendations. With the aid of the information supplied to us by these educators, we have attempted to produce a text that is contemporary, communicative, authentic, and useful to a wide variety of students from all geographic areas.

Delores Allen
Woodrow Wilson High School
Middletown, Connecticut

Richard W. Ayotte
Cony High School
Augusta, Maine

Evelyn Brega
Lexington Public Schools
Lexington, Massachusetts

Julia T. Bressler
Nashua Senior High School
Nashua, New Hampshire

Robert J. Bruggeman
Colonel White High School
Dayton, Ohio

Gail Castaldo
Pingry School
Hillside, New Jersey

Nelly D. Chinn
Voorhees High School
Glen Gardner, New Jersey

Renay Compton
Stivers Intermediate School
Dayton, Ohio

Robert Decker
Long Beach Unified Schools
Long Beach, California

Mary-Jo Fassié
William Fleming High School
Roanoke, Virginia

Regina Grammatico
Amity Regional Senior High School
Woodbridge, Connecticut

Helen Grenier
Baton Rouge Magnet High School
Baton Rouge, Louisiana

Michaele P. Hawthornthwaite
Hillcrest High School
Simpsonville, South Carolina

Marion E. Hines
District of Columbia Public Schools
Washington, D.C.

Katy Hoehn
Troy High School
Fullerton, California

Lannie B. Martin
Jefferson-Huguenot-Wythe High School
Richmond, Virginia

David M. Oliver
Bureau of Foreign Language
Chicago Board of Education
Chicago, Illinois

Eunice T. Pavageau
Zachary High School
Baton Rouge, Louisiana

Zelda Penzel
Southside Senior High School
Rockville Centre, New York

John Peters
Cardinal O'Hara High School
Springfield, Pennsylvania

James L. Reed
Orange High School
Cleveland, Ohio

Charlene Sawyer
J. L. Mann High School
Greenville, South Carolina

James J. Shuster
Olney High School
Philadelphia, Pennsylvania

Alice Stanley
Southfield-Lathrup High School
Lathrup Village, Michigan

Mary Margaret Sullivan
George Washington High School
Charleston, West Virginia

Nina von Isakovics
South Lakes High School
Reston, Virginia

Marie S. Wallace
Tilden Intermediate School
Rockville, Maryland

The authors would like to thank Jeanne M. Driscoll for preparing the end vocabulary. The authors would also like to thank the following persons and organizations for permission to include the following photographs:

R-2:(l), **R-2:**(r), **R-3:**(t) Peter Menzel; **R-3:**(b) Hugh Rogers/Monkmeyer; **R-4, R-5:**(t), **R-5:**(b) Peter Menzel; **R-7:**(l) Stuart Cohen; **R-7:**(m), **R-7:**(r) Peter Tatiner/Gamma Liaison; **R-8, R-13, R-15:** Peter Menzel; **R-16:** Joe Viesti; **R-17:** Mark Antman/The Image Works; **R-19, R-21:**(l), **R-21:**(r) Peter Menzel; **R-22:** Index Stone; **R-25, R-29:** Peter Menzel; **R-30:** Daniel Simon/Gamma Liaison; **R-31:**Peter Menzel; **190:** Dana Jennings; **192:**(ml) Beryl Goldberg; **192:**(ml) John G. Ross/Photo Researchers; **194:** Beryl Goldberg; **198:**(l) Chris Brown/Stock, Boston; **198:**(r) Jim Dixon/Photo Researchers; **200:** Richard Hackett; **202, 202:** Beryl Goldberg; **204–205:** Jean Gaumy/Magnum; **204:**(b) Ph. Charliat/Photo Researchers; **204:**(tl) De Andrade /Magnum; **205:**(t) Hugh Rogers/Monkmeyer; **240:** Hugh Rogers/ Monkmeyer Press Photo; **214:** Richard Hackett; **216:** Hugh Rogers/Monkmeyer Press Photo; **217:**(b) Peter Menzel/ Stock, Boston; **217:**(m) Hugh Rogers/Monkmeyer; **217:**(t) J.M. Charles/Rapho/Photo Researchers; **218:** Scott Thode/ International Stock Photo; **222:**Richard Hackett; **224:** Hugh Rogers/Monkmeyer Press Photo; **225:** Scott Thode/ International Stock Photo; **226:** Owen Franken/Stock, Boston; **228:**(bl) Beryl Goldberg; **228:**(br) Hugh Rogers/ Monkmeyer Press Photo; **228:**(tl) Magnum; **228:**(tr) Jean Boughton/Stock, Boston; **229:**(m) Irving Schild Studio/DPI; **230:**(bl) David Burnett/Woodfin Camp; **230:**(tr) Peter Menzel; **233:** Ellen Horan; **238:**(r) Hugh Rogers/Monkmeyer Press Photo; **239:** Erich Hartmann/Magnum; **239:**(ml) Adam Woolfitt/Woodfin Camp; **239:**(ml) Peter Menzel; **240:** Hugh Rogers/Monkmeyer Press Photo; **241:**(ml) Owen Franken/Stock, Boston; **241:**(mr) Hugh Rogers/Monkmeyer Press Photo; **241:**(t) Beryl Goldberg; **243:**(b) Jean Gaumy/Magnum; **243:**(m) Raymond Depardon/Magnum; **243:**(t) Bruno Barbey/Magnum; **244:** Hugh Rogers/Monkmeyer Press Photo; **245:** Beryl Goldberg; **248:** Scott Thode/International Stock Photo; **250:**(ml) Dana Jennings; **250:**(m) Michael Philip Manheim/Photo Researchers; **250:**(mr) Beryl Goldberg; **251:**(ml) Mike Yamashita/Woodfin Camp: **251:**(m), **251:**(mr) Hugh Rogers/Monkmeyer Press Photo; **256:**(l) Berretty/Photo Researchers; **256:**(r) Richard Hackett, **257:**(ml) Fournier/Photo Researchers; **257:**(mr) Richard Hackett; **257:**(tl) Beryl Goldberg; **257:**(tr) Richard Hackett; **260:**(tl) Peter Menzel; **260:**(tr) Richard Hackett; **261:**(b) Beryl Goldberg; **261:**(t) Peter Menzel; **262:** Hugh Rogers/Monkmeyer Press Photo; **273:**(b) American Motorist Alliance-Renault; **273:**(tl) Bois-Prevost/Vival/Woodfin Camp; **273:**(tr) Mike Yamashita/Woodfin

Preface

Bonjour! Now that we have become acquainted, it is time to make a few friends and establish some long-lasting friendships. One of the most valuable parts of learning a language is its application to the understanding of the people who speak that language and their way of life. *McGraw-Hill French* invites you to get to know more about other cultures, about other people, about yourself, and those around you as you meet and form new friendships with the people who speak this language.

McGraw-Hill French has been written to help you develop your language skills through activities that focus on meaningful, personal communication. You will learn about other cultures, about other people, about each other, and about yourself. As you become increasingly aware of the similarities and differences among cultures and among people, we hope you will become more appreciative and enjoy the diversity and uniqueness of both.

The unraveling of the foreign language "mystery" continues. This year you will continue your study of French by learning new concepts and functions, by broadening your communication skills, and by practicing and using them in meaningful, realistic situations and interactions. You will learn to convey messages and to express your ideas, feelings, and opinions in authentic, natural, everyday settings.

If you want to communicate, you must acquire the ability to speak fluently and express your ideas in French. The acquisition of another language takes time. You therefore need practice in using the language. The activities provided in *McGraw-Hill French* focus on real communication and encourage you to talk about the themes presented. The exercises in the text have been written to help you develop active control of the vocabulary and structure concepts presented. A large number of communicative activities reflecting a wide variety of themes have been included—going shopping, using the subway, eating out, going camping, driving a car, going to the post office.

Remember the excitement and enthusiasm you felt when you first began to study a foreign language? Let's keep that enthusiasm alive! *McGraw-Hill French* is a lively, youth-oriented, interesting textbook with many activities which are valuable and fun. Accept each assignment as just another step closer to fluency and proficiency in French. Take every opportunity to practice what you have learned. Never be afraid to make a mistake. Everyone makes mistakes while learning. Learn to use your new language to communicate with one another and with native speakers of the language.

Et maintenant, en avant!

about the authors

Jo Helstrom

Mrs. Helstrom is the former Chairperson of the Language Department of the public schools of Madison, New Jersey. She has taught French and Spanish at the junior and senior high school levels. For a number of years she was Lecturer in French at Douglass College, Rutgers, the State University of New Jersey, where she taught methods of teaching French. She has been a Field Consultant in Foreign Languages for the New Jersey State Department of Education and a member of the Executive Committee of the New Jersey Foreign Language Teacher's Association. Mrs. Helstrom was presented the New Jersey Foreign Language Teachers' Association Award for Outstanding Contribution to Foreign language Education. Mrs. Helstrom is co-author of *La France: Une Tapisserie* and *La France: Ses Grandes Heures Littéraires*. She has studied at the Université de Paris and the Universidad Nacional de México and has traveled extensively in France, Mexico, Canada, Puerto Rico, and South America.

Conrad J. Schmitt

Mr. Schmitt was Editor-in-Chief of Foreign Language, ESL, and bilingual publishing with McGraw-Hill Book Company. Prior to joining McGraw-Hill, Mr. Schmitt taught languages at all levels of instruction, from elementary school though college. He has taught Spanish at Montclair State College, Upper Montclair, New Jersey; French at Upsala College, East Orange, New Jersey; and Methods of Teaching a Foreign Language at the Graduate School of Education, Rutgers University, New Brunswick, New Jersey. He also served as Coordinator of Foreign Languages for the Hackensack, New Jersey, Public Schools. Mr. Schmitt is the author of *Schaum's Outline of Spanish Grammar*, *Schaum's Outline of Spanish Vocabulary*, *Español: Comencemos*, *Español: Sigamos*, and the *Let's Speak Spanish* and *A Cada Paso* series. He is also coauthor of *Español: A Descubrirlo*, *Español: A Sentirlo*, *McGraw-Hill Spanish: Saludos* and *Amistades*, *La Fuente Hispana*, *Le Français: Commençons*, *Le Français: Continuons*, and *Schaum's Outline of Italian Grammar*. Mr. Schmitt has traveled extensively throughout France, Martinique, Guadeloupe, Haiti, and North Africa.

Contents

Leçon **17**   **Les jeux vidéo . . . 252**

Leçon **18**   **Une famille d'ouvriers . . . 264**

Leçon **25**   **À la poste . . . 372**

Le monde du français

le Canada
le Québec
AMÉRIQUE DU NORD
St-Pierre-et-Miquelon
la Nouvelle-Angleterre
les États-Unis
OCÉAN ATLANTIQUE
la Louisiane
Haïti
la Guadeloupe
la Martinique
la Guyane française
AMÉRIQUE DU SUD
OCÉAN PACIFIQUE

EUROPE
la Belgique
le Luxembourg
la France
la Suisse
Monaco
la Corse
le Maroc
la Tunisie
l'Algérie
AFRIQUE
la Mauritanie
le Mali
le Niger
le Tchad
Djibouti
le Sénégal
le Cameroun
la Guinée
la République Centrafricaine
la Côte-d'Ivoire
le Ruanda
le Burkina Faso
le Zaïre
le Togo
le Gabon
le Burundi
le Bénin
le Congo
OCÉAN INDIEN
les Seychelles
le Madagascar
la Réunion
l'île Maurice

AUSTRALIE
la Nouvelle-Calédonie
la Polynésie française (Tahiti)
OCÉAN PACIFIQUE

ANGLETERRE

PAYS-BAS

ALLEMAGNE

Manche

BELGIQUE

Lille
NORD

Somme

LUXEMBOURG

Le Havre

HAUTE-
NORMANDIE

PICARDIE

Reims

Rhin

Mt-
St-Michel

BASSE-
NORMANDIE

Seine

Marne

LORRAINE

Brest

Paris

Nancy

BRETAGNE

Rennes

RÉGION
DE PARIS

CHAMPAGNE

Strasbourg
ALSACE

Ste-Anne-d'Auray

Fontainebleau

VOSGES

Carnac

Le Mans

Orléans

Colmar

Loire

La Baule

Nantes

CENTRE

BOURGOGNE

FRANCHE-
COMTÉ

PAYS DE LA LOIRE

Tours

Pornic

OCÉAN
ATLANTIQUE

POITOU-
CHARENTES

JURA

SUISSE

Limoges

Clermont-
Ferrand

Bordeaux

LIMOUSIN

AUVERGNE

Lyon

Mt Blanc

MASSIF
CENTRAL

RHÔNE-ALPES

Grenoble

ITALIE

Garonne

Rhône

ALPES

AQUITAINE

MIDI-PYRÉNÉES

LANGUEDOC

Avignon

PROVENCE-
CÔTE D'AZUR
CORSE

Nice

Albi

Nîmes

Grasse

MONACO

Toulouse

Arles

Aix

Cannes

Canal du Midi

Marseille

Carcassonne

Agde

Toulon

St-Tropez

PYRÉNÉES

Perpignan

ESPAGNE

Mer Méditerranée

FRANCE

Calvi

CORSE

Ajaccio

XV

A Révision

Les amis

Bonjour.
Salut.
Ça va?
Ça va bien, merci.
Pas mal, et toi?

Au revoir.
À bientôt.

Exercice 1

Say "hi" to a classmate. Use his or her French name.

Exercice 2

Ask a classmate how things are going.

Exercice 3

Answer your classmate that things are going well.

Exercice 4

Say "so long" to a classmate.

Exercice 5

Say "good-bye" to your French teacher.

La fille là-bas, c'est Michèle.
Elle est de Paris.
Elle est petite et blonde.
Elle est très sympa.

○ Paris

Exercice 6 C'est Michèle.
Répondez d'après la description.

1. Qui est la fille là-bas?
2. D'où est-elle?
3. Elle est américaine ou française?
4. Est-elle grande ou petite?
5. Elle est sympa?

Lyon

Philippe et Jean-Paul sont copains.
Les deux garçons sont grands et bruns.
Ils sont élèves dans un lycée à Lyon.
Ils sont très intelligents.
Ils sont forts en maths.

Exercice 7 Deux copains
Complétez.

1. Philippe et Jean-Paul ne sont pas frères; ils sont _____.
2. Les deux garçons sont grands et _____.
3. Ils sont _____ dans un lycée.
4. Ils ne sont pas de Paris; ils sont _____ Lyon.
5. Ils sont _____ en maths.

Structure

Le verbe *être*

The verb **être** (*to be*) is irregular. Review the following forms.

Infinitive	être		
Singular	je suis	**Plural**	nous sommes
	tu es		vous êtes
	il est		ils sont
	elle est		elles sont

Exercice 1　Es-tu français?
Pratiquez la conversation.

— Tu es français, Paul?
— Mais non! Je ne suis pas français. Je suis américain.
— Tu es un ami de Nicole?
— Oui! Nicole est une amie très sincère.
— Vous êtes élèves dans une école américaine?
— Oui, et nous sommes très intelligents! Nicole est forte en sciences et moi, je suis fort en français.

Exercice 2　Paul est américain.
Répondez d'après la conversation.

1. Qui est américain?
2. Est-ce que Nicole est française?
3. Où est-ce que les amis sont élèves?
4. Sont-ils stupides?
5. Qui est fort en sciences?

Exercice 3 Personnellement
Répondez.

1. Qui es-tu?
2. D'où es-tu?
3. Es-tu français(e) ou américain(e)?
4. Comment es-tu?

Exercice 4 Ginette et Charles
Complétez.

1. Ginette _____ de Grenoble.
2. Charles _____ français aussi, mais il n'_____ pas de Grenoble.
3. Tu _____ de Paris?
4. Tu n'_____ pas français?
5. Ah, tu _____ américain(e)!
6. Oui, je _____ de Chicago.
7. Je _____ un(e) ami(e) de _____.
8. Nous _____ très sportifs.
9. Nous _____ aussi très intelligents.
10. Vous _____ sportifs?
11. Ginette et Charles _____ élèves dans un lycée français.
12. Ils _____ intelligents et sportifs.
13. Vous _____ élèves dans un lycée français?
14. Mais non! Nous _____ élèves dans une école américaine.
15. Nous ne _____ pas français; nous _____ américains.

Le pluriel

In French most nouns are made plural by adding **s**. This **s** is not pronounced.

Singular	Plural
le garçon	les garçons
la fille	les filles
l'ami	les amis
l'amie	les amies

The plural form of the definite articles **le, la,** and **l'** is **les.** Remember the liaison in the plural when the noun starts with a vowel. The final **s** is pronounced as a *z*.

/z/

les amis

Exercice 5 La copine de Suzy

Complétez avec *le, la, l'* ou *les*.

— Qui est _____ copine de Suzy?

— _____ copine de Suzy est Simone. _____ deux filles sont enthousiastes pour _____ sports.

— _____ garçon là-bas, qui est-ce?

— C'est Alain.

— C'est _____ frère de Suzy?

— C'est ça! C'est aussi _____ petit ami de Simone.

— Il est élève à Madison?

— Oui. Alain et Simone sont élèves dans _____ classe de Monsieur Bernard.

— C'est chouette ça!

L'accord des adjectifs

Adjectives must agree with the nouns they describe. If the noun is feminine, then the adjective must be in the feminine form. If the noun is plural, then the adjective must be in the plural form. Review the following forms:

	Feminine	Masculine
Singular	la fille française la femme célèbre	le garçon français l'homme célèbre
Plural	les filles intelligentes les amies sincères	les garçons intelligents les amis sincères

Exercice 6
Describe the boy.

Exercice 7
Describe the girls.

Activités

1 Describe the people.

2 Make a list of characteristics that you look for in a friend. You may also list characteristics that he (she) does not possess.

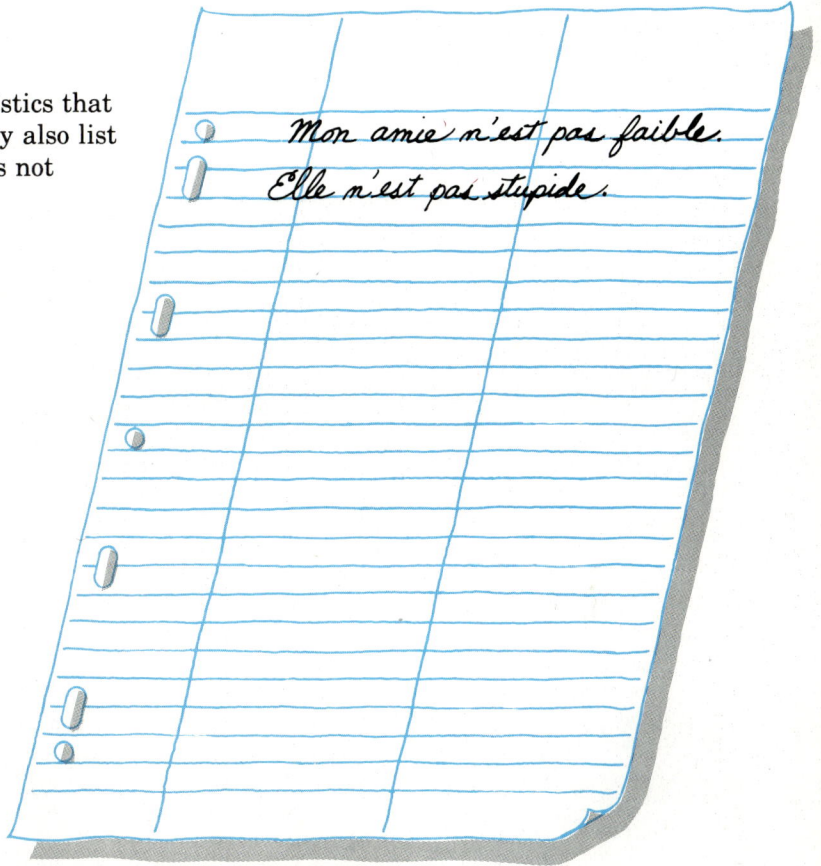

Mon amie n'est pas faible.
Elle n'est pas stupide.

3 Write a brief letter to a friend in Québec. Tell him or her all you can about yourself and your friends, your school, your activities.

le 30 septembre

Cher Jean-Marc,

Une surprise-partie

Solange	Pierre, où es-tu?
Pierre	Dans la cuisine. Je prépare des pizzas.
Solange	Ah, tu prépares des pizzas pour la surprise-partie, n'est-ce pas?
Pierre	Les copains aiment bien la pizza.
Solange	Les copains, oui. Mais c'est Angèle surtout qui adore la pizza!

Exercice 1 Corrigez.

1. Pierre est dans le séjour.
2. Il prépare une salade.
3. Pierre et Solange donnent un pique-nique.
4. Les amis aiment bien les sandwiches.
5. Angèle déteste la pizza.

À la fête

Les garçons arrivent à huit heures.

Jacques écoute des disques.

Monique regarde la télé.

Les filles chantent.

Marc et Gisèle dansent.

Antoine téléphone à une amie.

Exercice 2 **Répondez.**

1. Qui regarde la télé?
2. Qui arrive à huit heures?
3. Qui téléphone à une amie?
4. Qui danse?
5. Qui chante?
6. Qui écoute des disques?

Jean invite Alice à dîner. Les amis vont dans un petit restaurant français. Ils dînent très bien. Après le dîner ils vont au cinéma.

Exercice 3 **Répondez.**

1. Qui invite Alice à dîner?
2. Où vont les amis?
3. Ils dînent bien ou mal?
4. Quand vont-ils au cinéma?

Exercice 4 Choisissez.

1. Les amis écoutent des disques?
   a. Oui, ils détestent la musique.
   b. Oui, ils adorent le rock.
   c. Oui, ils vont au théâtre.

2. Quand regardes-tu la télé?
   a. Samedi soir après le dîner.
   b. Quand je vais à l'école à pied.
   c. Quand nous réservons une table.

3. Tu parles français avec les amis?
   a. Oui, ils sont amis.
   b. Oui, je téléphone à Henri.
   c. Oui, nous parlons très bien.

4. L'appartement est grand?
   a. Oui, il y a quatre étages.
   b. Oui, il y a sept pièces.
   c. Oui, il y a six immeubles.

Structure

Les verbes réguliers en *-er*

The infinitive of most regular French verbs ends in **-er**. Review the present tense forms of **parler** and **aimer.**

Infinitive	parler	aimer	ENDINGS
Stem	parl-	aim-	
Present tense	je parle	j'aime	-e
	tu parles	tu aimes	-es
	il/elle parle	il/elle aime	-e
	nous parlons	nous aimons	-ons
	vous parlez	vous aimez	-ez
	ils/elles parlent	ils/elles aiment	-ent

Exercice 1 Personnellement
Répondez.

1. Où habites-tu?
2. Donnes-tu souvent une surprise-partie?
3. Qui invites-tu à la surprise-partie?
4. Tu chantes pendant la surprise-partie?
5. Tu chantes en français ou en anglais?
6. Avec qui danses-tu?
7. Qu'est-ce que tu manges à la surprise-partie?
8. Tu aimes les surprises-parties?

Exercice 2 Où habitez-vous?
Repeat the questions in exercice 1 with vous.

Exercice 3 Un pique-nique
Complétez.

1. Nathalie _____ un pique-nique pour l'anniversaire de Christine. **donner**
2. Elle _____ Jean-Loup, Roger, Rosalie et Philippe au pique-nique. **inviter**
3. Les garçons _____ des sandwiches et les filles _____ une salade.
   préparer / préparer
4. Tout le monde _____ les sandwiches et la salade. **aimer**
5. Après le déjeuner, les amis _____ la radio. **écouter**
6. Roger et Nathalie _____ avec la radio et Philippe _____ avec Christine.
   chanter / danser

Les verbes irréguliers *aller, avoir, faire*

Aller (*to go*), **avoir** (*to have*), and **faire** (*to do* or *to make*) are irregular verbs. Review the forms of these verbs.

Infinitive	aller	avoir	faire
Present tense	je vais	j'ai	je fais
	tu vas	tu as	tu fais
	il/elle va	il/elle a	il/elle fait
	nous allons	nous avons	nous faisons
	vous allez	vous avez	vous faites
	ils/elles vont	ils/elles ont	ils/elles font

Remember that the verb **aller** is used to express how one feels.

Comment vas-tu?   **Je vais bien, merci.**

The verb **avoir** is used to express age.

Quel âge as-tu?   **J'ai quatorze ans.**

Exercice 4   On fait les courses.
Pratiquez la conversation.

— Salut, Michèle. Comment vas-tu?
— Bien, merci. Et toi?
— Pas mal. Où vas-tu?
— Je vais au marché.
— Ah, tu fais les courses.
— Oui, j'ai beaucoup de choses à acheter.

Exercice 5   Personnellement
Répondez.

1. Quel âge as-tu?
2. Combien de frères as-tu?
3. Quel âge ont-ils?
4. Combien de sœurs as-tu?
5. Quel âge ont-elles?
6. Avez-vous un chat ou un chien?
7. À quelle école vas-tu?
8. Vas-tu à l'école avec des amis?
9. Allez-vous à l'école à pied ou en bus?
10. Fais-tu les devoirs après les classes?

Exercice 6   La famille Dubois
Complétez.

1. Les Dubois _____ une petite ville.   **habiter**
2. Il y _____ trois enfants dans la famille.   **avoir**
3. L'appartement des Dubois _____ six pièces.   **avoir**
4. Monsieur Dubois _____ en ville tous les jours.   **aller**
5. Les enfants _____ au lycée.   **aller**
6. Ils _____ du français, des maths et des sciences.   **faire**
7. Julie ne _____ pas de latin.   **faire**
8. Madame Dubois _____ à la banque tous les jours.   **aller**
9. Le samedi les Dubois _____ les courses.   **faire**
10. Quand il _____ beau, ils _____ au parc.   **faire** / **aller**
11. Julie, Anne et Louis _____ un chien adorable, Bijou.   **avoir**
12. Bijou _____ avec la famille au restaurant.   **aller**

Les contractions *au, aux*

The preposition **à** can mean *to, in,* or *at.* It remains unchanged in front of the definite articles **la** and **l'**, but it contracts with **le** to form the word **au** and with **les** to form the word **aux**. Review the following.

à + la = à la	**Je vais à la maison.**
à + l' = à l'	**Je vais à l'école.**
à + le = au	**Je vais au lycée.**
à + les = aux	**Je parle aux élèves.**

A liaison is made with **aux** and any word beginning with a vowel or silent **h**. When a liaison is made, the **x** is pronounced /z/.

Exercice 7   Où allons-nous?
Complétez.

Aujourd'hui, nous n'allons pas _____ parc, nous n'allons pas _____ restaurant, nous n'allons pas _____ maison, nous n'allons pas _____ cinéma, nous n'allons pas _____ concert, nous n'allons pas _____ théâtre et nous n'allons pas chez Marie. Alors où allons-nous? Nous allons _____ école, nous allons _____ classe de français et nous allons parler _____ professeur.

Le partitif

In French the definite article (**le, la, l', les**) is used when speaking of a specific object.

La salade est dans la cuisine.

The definite article is also used when speaking about a noun in the general sense.

Moi, j'aime beaucoup le chocolat.   *I like chocolate. (in general)*

However, when only a part or a certain quantity of the item is referred to, the partitive construction is used. The partitive is expressed in French by **de** plus the definite article.

de + le = du	**J'ai du pain.**
de + la = de la	**J'ai de la crème.**
de + l' = de l'	**J'ai de l'argent.**
de + les = des	**J'ai des légumes.**

When the partitive follows a verb in the negative, **du, de la, de l',** and **des** all become **de (d').**

Affirmative	*Negative*
J'ai du pain.	**Je n'ai pas de pain.**
J'ai de la crème.	**Je n'ai pas de crème.**
J'ai de l'argent.	**Je n'ai pas d'argent.**
J'ai des légumes.	**Je n'ai pas de légumes.**

Exercice 8   Pas aujourd'hui
Répondez d'après le modèle.

L'eau minérale
J'aime l'eau minérale.
J'achète souvent de l'eau minérale.
Mais aujourd'hui je n'achète pas d'eau minérale.

1. Le poisson
2. La viande
3. Les fruits
4. Les fraises
5. Le pain français

Exercice 9 Alain fait les courses.
Complétez avec le partitif.

Aujourd'hui Alain fait les courses. Il va chez le boucher où il achète _____ viande. Ensuite il achète _____ pain chez le boulanger. Il n'achète pas _____ poisson aujourd'hui, donc il ne va pas chez le poissonnier. Il va à la pâtisserie pour acheter _____ gâteaux. Il regarde les gâteaux et il choisit _____ tartes aux fraises. Alors, c'est tout? Pas encore. Alain va aussi chez le marchand de légumes où il achète _____ fruits et _____ haricots verts.

Alain ne va pas au supermarché? Mais non! Bien sûr il y a _____ supermarchés en France, mais les Français préfèrent les petits magasins.

Activités

1 **À la fête**

Look at the illustration. Say all you can about it. You may want to use the following expressions.

- **donner une surprise-partie**
- **inviter des amis**
- **téléphoner à des amis**
- **préparer des sandwiches, des pizzas**
- **écouter des disques**
- **regarder la télé**
- **danser**
- **chanter**
- **parler de sport**

2 Draw your family tree.
Include the following relatives:

- **parents**
- **grands-parents**
- **frères / sœurs**
- **oncles / tantes**
- **cousins / cousines**

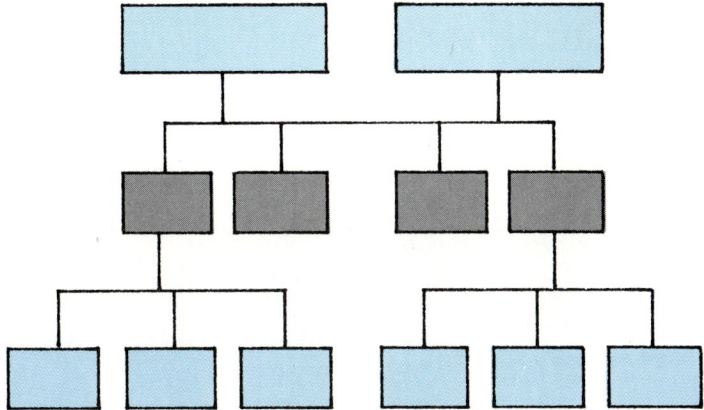

3 Describe your family.
The following questions may serve as a guide.

- **Où habites-tu?**
- **Comment est ta maison (ton appartement)?**
- **Combien de personnes est-ce qu'il y a dans ta famille?**
- **Combien de frères et de sœurs as-tu?**
- **Quel âge ont-ils / elles?**
- **Tu as un chien / un chat?**
- **Qui fait les courses chez vous?**

4 Un copain ou une copine

Tell all you can about one of your friends. You may wish to use some of the
following verbs.

- **être (sportif, grand, sympa)**
- **faire (du volley, du football, du latin, des maths)**
- **être fort(e) en (sciences, anglais, maths)**
- **aimer (les surprises-parties, danser, la pizza, le rock)**
- **détester (les maths, les devoirs, le lundi)**
- **aller (au cinéma, au concert)**
- **avoir (des disques, une guitare, des cassettes)**

Les vacances

À l'aéroport

Valérie	Salut, Suzanne. Où vas-tu?
Suzanne	Moi, j'attends l'avion pour le Maroc. Et toi?
Valérie	Moi, je pars pour la Martinique. Je vais maintenant choisir une place.
Suzanne	Écoute, on annonce un vol. C'est quel numéro?
Valérie	Le 250.
Suzanne	Bon, c'est mon vol. Bon voyage, Valérie.
Valérie	Bon voyage, Suzanne.

Exercice 1   Repondez.

1. Qui attend l'avion pour le Maroc?
2. Qui part pour la Martinique?
3. Qu'est-ce que Valérie va choisir?
4. Quel vol est-ce qu'on annonce?
5. Qui prend le vol numéro 250?

Au bord de la mer

Les Martin, une famille canadienne, sont au bord de la mer. Richard nage très bien. Sa petite sœur Aline apprend à nager. Madame Martin et son fils font de la planche à voile. Monsieur Martin sort de l'eau. Il prend un bain de soleil. Toute la famille est contente. Quelle belle journée!

Exercice 2 Complétez.

1. C'est une famille _____.
2. Ils sont _____.
3, Richard _____ très bien.
4. Aline _____ à nager.
5. Madame Martin fait de la _____.
6. Monsieur Martin prend un _____.
7. _____ la famille est contente.

Structure

Les verbes en *-ir* et *-re*

Besides **-er** verbs in French, there are also regular **-ir** and **-re** verbs. These are verbs whose infinitives end in **-ir** and **-re**. Review the following forms.

Infinitive	finir	ENDINGS
Stem	fin-	
Present tense	je finis	-is
	tu finis	-is
	il/elle finit	-it
	nous finissons	-issons
	vous finissez	-issez
	ils/elles finissent	-issent

Infinitive	attendre	ENDINGS
Stem	attend-	
Present tense	j'attends	-s
	tu attends	-s
	il/elle attend	-
	nous attendons	-ons
	vous attendez	-ez
	ils/elles attendent	-ent

Exercice 1 Sur la piste

Lisez le paragraphe et répondez aux questions.

Les filles attendent le moniteur. Il choisit pour elles une piste assez facile. Janine et Marie commencent à descendre la piste. Ah zut! Janine perd son bâton! Elle tombe. Elle crie, mais le moniteur n'entend pas. Marie répond enfin aux cris de Janine. Marie est une héroïne moderne, n'est-ce pas?

1. Qui attend le moniteur?
2. Quelle piste est-ce qu'il choisit?
3. Qui perd son bâton?
4. Est-ce que le moniteur entend Janine?
5. Qui est une héroïne moderne?

Exercice 2 Les langues modernes
Complétez.

Jean-Loup	Quelle langue _____-tu (choisir)?
Catherine	Moi, je _____ (choisir) l'espagnol. C'est très facile. Marie-Claire et Léo _____ (choisir) l'espagnol aussi. Et toi?
Jean-Loup	Moi, je _____ (choisir) l'anglais. C'est très intéressant.
Catherine	Quand le professeur pose des questions, tu _____ (répondre) en anglais?
Jean-Loup	Mais oui! Tous les élèves _____ (répondre) en anglais.

Les verbes irréguliers comme *dormir* et *prendre*

Review the present tense forms of the following irregular verbs.

Infinitive	dormir	partir	servir	sortir
Present tense	je dors	je pars	je sers	je sors
	tu dors	tu pars	tu sers	tu sors
	il/elle dort	il/elle part	il/elle sert	il/elle sort
	nous dormons	nous partons	nous servons	nous sortons
	vous dormez	vous partez	vous servez	vous sortez
	ils/elles dorment	ils/elles partent	ils/elles servent	ils/elles sortent

Infinitive	prendre	apprendre	comprendre
Present tense	je prends	j'apprends	je comprends
	tu prends	tu apprends	tu comprends
	il/elle prend	il/elle apprend	il/elle comprend
	nous prenons	nous apprenons	nous comprenons
	vous prenez	vous apprenez	vous comprenez
	ils/elles prennent	ils/elles apprennent	ils/elles comprennent

Exercice 3 Micheline fait un voyage.
Complétez.

Micheline arrive à la gare du Nord. Où est-ce qu'on _____ (vendre) les billets?
Ah, voilà le guichet! Micheline _____ (prendre) son billet et elle _____ (sortir)
sur le quai. Son train _____ (partir) du quai numéro trois. Tous les trains _____
(partir) à l'heure. Beaucoup de personnes _____ (dormir) dans le train mais
Micheline ne _____ (dormir) pas. Elle adore voyager en train!

Exercice 4 Personnellement
Répondez.

1. Prends-tu le bus pour aller à l'école?
2. À quelle heure pars-tu pour l'école?
3. Est-ce que tu sors le week-end?
4. Sors-tu avec des amis?
5. Est-ce que tu dors dans la classe de français?
6. Est-ce que tu apprends à parler français?
7. Tu comprends très bien le français, n'est-ce pas?

Les adjectifs possessifs

Like other French adjectives, a possessive adjective must agree with the noun that it describes. Remember that **son, sa,** and **ses** may mean either *his* or *her*.

Masculine singular	mon père	ton père	son père
Feminine singular	ma mère	ta mère	sa mère
Masculine or feminine plural	mes frères mes sœurs	tes frères tes sœurs	ses frères ses sœurs

Remember that the masculine singular form is used if the feminine noun begins with a vowel.

Masculine or feminine singular before a vowel	mon ami mon amie	ton ami ton amie	son ami son amie

The adjectives **notre, votre,** and **leur** have only two forms—singular and plural.

Singular	notre cousin notre cousine	votre cousin votre cousine	leur cousin leur cousine
Plural	nos cousins nos cousines	vos cousins vos cousines	leurs cousins leurs cousines

Exercice 5 Tu as ta valise?
Répondez.

1. Tu as ta valise?
2. Tu as ton passeport?
3. Tu as tes billets?
4. Vous avez vos places?
5. Vous avez votre carte?
6. Vous avez vos bagages?
7. Paul a son ticket?
8. Paul a ses bottes?
9. Paul a son anorak?

Exercice 6 Le pauvre Pierrot perd tout!
Complétez.

Pierrot	Mais où est _____ valise?
Monique	_____ valise? Je n'ai pas _____ valise, moi. J'ai seulement _____ valise à moi.
Pierrot	Et _____ bâton! Où est _____ bâton?
Monique	_____ bâton? Ce bâton, c'est _____ bâton. Je n'ai pas _____ bâton!
Pierrot	_____ skis, _____ skis! Où sont _____ skis?
Monique	_____ skis? Tu n'as pas _____ skis? Mais c'est incroyable! Il est impossible de perdre des skis!

Les adjectifs *ce, quel, tout*

Review the forms of the adjectives **ce, quel, tout.** Remember that the definite article is used with **tout.**

Singular		Plural	
Masculine	**Feminine**	**Masculine**	**Feminine**
quel train	quelle valise	quels trains	quelles valises
ce billet	cette place	ces billets	ces places
(cet avion)			
tout le voyage	toute la nuit	tous les voyages	toutes les nuits

Exercice 7 Quel disque?
Répondez d'après le modèle.

Quel disque prends-tu?
Je prends ce disque-là.

1. Quelle cassette prends-tu?
2. Quelle valise prends-tu?
3. Quel anorak prends-tu?
4. Quels skis prends-tu?
5. Quels bâtons prends-tu?
6. Quelles bottes prends-tu?

Exercice 8 Tous les trains!
Répondez d'après le modèle.

Quels trains vont à Paris?
Tous les trains vont à Paris.

1. Quels élèves vont au musée?
2. Quels garçons vont à l'école?
3. Quelles filles vont à l'école?
4. Quels professeurs prennent l'autobus?
5. Quels billets sont pour le métro?
6. Quelles classes sont intéressantes?

Exercice 9 À la gare
Complétez.

1. _____ train prends-tu? **quel**
2. _____ les trains partent de _____ quai-ci? **tout**/**ce**
3. On vend _____ les billets à _____ guichets-là. **tout**/**ce**
4. _____ places as-tu? **quel**
5. À _____ heure partent _____ trains? **quel**/**ce**
6. _____ la classe fait _____ voyage. **tout**/**ce**
7. On va passer _____ _____ semaine à la plage. **tout**/**ce**
8. À la Martinique, _____ les plages sont magnifiques. **tout**
9. _____ joie! **quel**

Les pronoms accentués

Compare the subject pronouns to the stress pronouns. Remember that stress pronouns are used alone, after prepositions, or for emphasis.

Subject pronoun	Stress pronoun
je	moi
tu	toi
il	lui
elle	elle
nous	nous
vous	vous
ils	eux
elles	elles

Qui va nager? Moi!
On va chez lui, pas chez elle.
C'est Marie? Oui, c'est elle.
Eux, ils détestent ce disque.

Exercice 10   Où est Marcel?
Répondez d'après le modèle.

Où est Marcel? Chez Yvonne?
Oui, il est chez elle.

1. Où est Marcel? Chez Robert?
2. Où est Louise? Chez Marie?
3. Où est Pauline? Avec Marcel?
4. Où est ton frère? Avec toi?
5. Où est David? Avec les filles?
6. Où sont vos cousins? Avec vous?
7. Où es-tu? Avec les amis?

Exercice 11   On va à la plage.
Répondez avec le pronom.

1. C'est Roger qui va à la plage?
2. Il nage avec ses copains?
3. Il nage avec sa sœur?
4. Et toi, tu vas à la plage aussi?
5. Vous nagez dans la mer, vous?
6. Je nage bien, moi?
7. On va chez les grands-parents?

Activités

1 À l'aéroport

Say all you can about the illustration. Here are some expressions you may wish to use.

- le passager
- le vol
- l'avion
- atterrir

- le passeport
- le comptoir
- le porteur
- la carte d'embarquement

- la valise
- le billet
- faire enregistrer les bagages
- la ligne aérienne

2 Write a conversation between Lucienne, who is taking a train from Paris to Lyon, and the ticket vendor at the train station. The following words and expressions may be helpful.

- faire un voyage
- la gare
- le guichet
- le ticket
- partir à l'heure

- le quai
- la salle d'attente
- le contrôleur
- annoncer le départ

13

Le métro

Marie-Laure va prendre **le métro**.
Elle est à **l'entrée** de **la station**.
Elle regarde **le plan** du métro.

un ticket

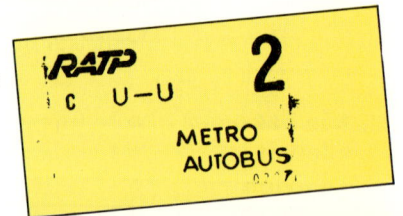

un escalier mécanique

un ascenseur

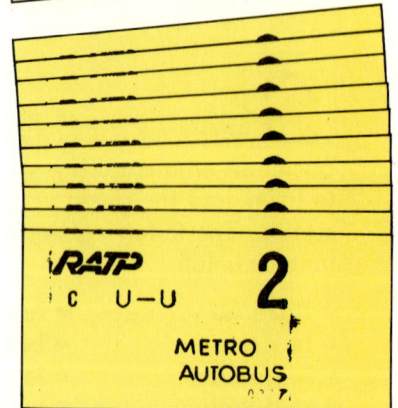

un carnet de tickets

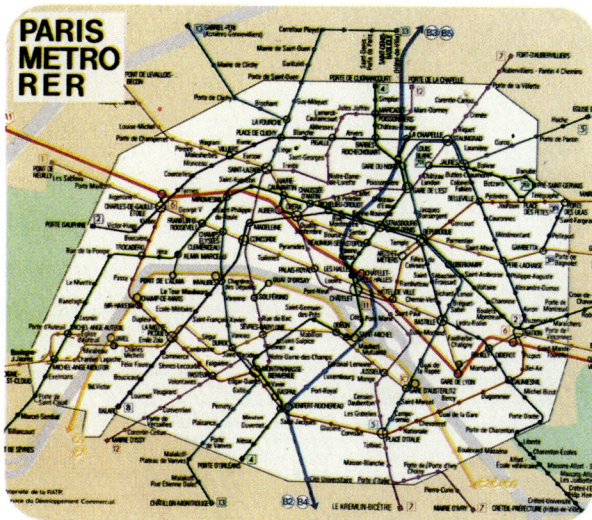

Paris
1900

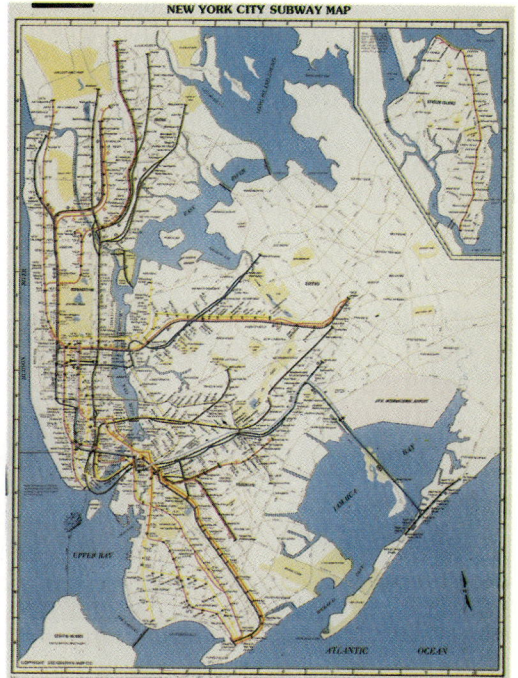

New York
1904

Paris a un très **bon** système de métro.
Le métro de Paris est **plus vieux que** le
métro de New York. Le métro de Paris **date**
de 1900. Le métro de New York date de
1904.

Exercice 1   **Marie-Laure prend le métro.**
Complétez l'histoire.

Marie-Laure va prendre le _____ . Elle va à _____ de la station et elle
regarde le _____ . Elle descend dans la station par l'escalier _____ . Au guichet
elle n'achète pas un seul ticket. Elle achète un _____ de tickets.

Dans une station de métro

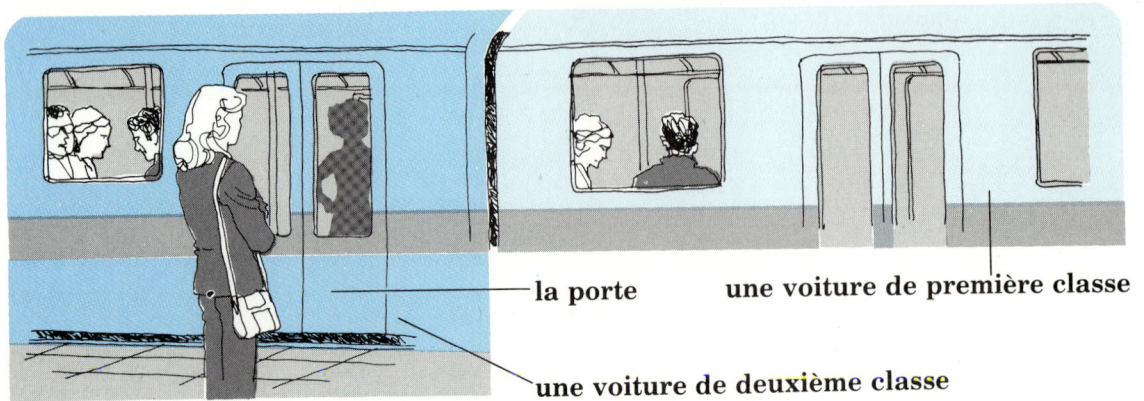

la porte

une voiture de première classe

une voiture de deuxième classe

une **vieille** station de métro
C'est une jolie station.

une **nouvelle** station de métro
Elle est très moderne.

Exercice 2 Dans la station de métro
Répondez.

1. Est-ce que Marie-Laure est dans la station de métro?
2. Est-ce que c'est une nouvelle station?
3. Est-ce que c'est une station de la ligne numéro 3?
4. Est-ce qu'elle entre dans une voiture de deuxième classe?
5. Est-ce qu'elle entre par la porte?

Expressions utiles

Expressions avec *avoir*

You have seen **avoir** used in the expression **J'ai treize ans** (*I am thirteen years old*). **Avoir** is used in several other expressions:

avoir froid

avoir soif

avoir raison

avoir chaud

avoir faim

avoir tort

Two additional expressions are:

avoir besoin de	*to need*
avoir envie de	*to feel like, to want*

J'ai besoin d'un anorak.　　　　**Elle a envie d'un coca.**
Il a besoin de dormir.　　　　　**Nous avons envie de nager.**

Exercice 3　Personnellement
Répondez.

1. À quelle heure avez-vous faim?
2. Avez-vous faim pendant la nuit?
3. Avez-vous soif pendant la nuit?
4. Quand prenez-vous de l'eau minérale?
5. Avez-vous toujours raison dans la classe de maths?
6. Dans quel restaurant avez-vous envie de dîner?
7. Avez-vous besoin d'argent?
8. Vos parents ont-ils envie de voyager?

Structure

Les adjectifs qui précèdent le nom

In French the adjective almost always follows the noun it modifies. There are, however, a few adjectives that precede the noun. Some of these are:

bon **petit**
joli **grand**
jeune

Il y a un très bon système de métro à Paris.
L'Étoile est une très grande station de métro.
Molitor est une petite station.

Note that the plural indefinite article **des** becomes **de** when it is used with a plural adjective that precedes the noun.

Il y a <u>de</u> grandes et <u>de</u> petites stations de métro.

Exercice 1 Un grand appartement dans un bon quartier
Répondez.

1. Est-ce que la jeune femme habite une petite maison?
2. Est-ce que la grande famille habite un grand appartement?
3. Est-ce que leur grand appartement est dans un joli immeuble?
4. Est-ce que le joli immeuble est dans un bon quartier?
5. Est-ce qu'il y a un joli petit parc dans le quartier?

Exercice 2 Tu as toujours raison.
Suivez le modèle.

Le parc est grand, n'est-ce pas?
Tu as raison. C'est un grand parc.

1. Le restaurant est petit, n'est-ce pas?
2. La plage est jolie, n'est-ce pas?
3. L'artiste est bon, n'est-ce pas?
4. L'appartement est grand, n'est-ce pas?
5. Le professeur est jeune, n'est-ce pas?
6. Les omelettes sont bonnes, n'est-ce pas?
7. Les stations sont jolies, n'est-ce pas?

194

Les adjectifs *beau, nouveau, vieux*

The adjectives **beau, nouveau,** and **vieux** also precede the noun. Study the forms of these adjectives.

Masculine singular	Masculine singular before a vowel or silent *h*	Feminine singular
un **beau** garçon	un **bel** avion	une **belle** fille
un **nouveau** film	un **nouvel** anorak	une **nouvelle** maison
un **vieux** chien	un **vieil** ami	une **vieille** valise

Masculine plural	Feminine plural
de **beaux** skieurs	de **belles** maisons
de **beaux** anoraks	de **belles** îles
de **nouveaux** films	de **nouvelles** valises
de **nouveaux** amis	de **nouvelles** amies
de **vieux** skis	de **vieilles** valises
de **vieux** artistes	de **vieilles** amies

Note that these adjectives have an additional masculine form before nouns that begin with a vowel.

> **Il habite un nouvel appartement.**
>
> BUT:
>
> **Son appartement est nouveau.**

Exercice 3   Le bel appartement de la famille Rivage
Répondez.

1. Est-ce que la famille Rivage a un bel appartement à Paris?
2. Est-ce que leur appartement est dans un vieil immeuble?
3. Est-ce que l'immeuble est dans un vieux quartier de Paris?
4. Est-ce qu'il y a beaucoup de belles maisons dans ce vieux quartier?
5. Est-ce qu'il y a une nouvelle station de métro dans le quartier?
6. Est-ce que les nouvelles lignes ont de nouvelles ou de vieilles voitures?

Exercice 4   La ville de Paris
Complétez avec la forme convenable de *vieux*.

Paris est une _____ ville avec beaucoup de _____ maisons. Il y a aussi beaucoup de _____ monuments (*m*) à Paris. Dans les jolis parcs il y a beaucoup de _____ statues (*f*). Mais dans les nouvelles parties de la ville les immeubles naturellement ne sont pas _____ . Eux aussi, ils sont nouveaux.

Exercice 5 Au contraire!

Lisez la conversation. Ensuite, substituez *l'avion* à *la maison*.

— Regardez cette maison-là! Qu'elle est belle!
— Ah oui! C'est vraiment une belle maison!
— Mais elle est très vieille, n'est-ce pas?
— Pas du tout! Ce n'est pas une vieille maison!
   Au contraire! Elle est très moderne.
— Vous avez raison. C'est une nouvelle maison!

Les comparaisons

As their name suggests, comparative constructions are used in comparing two things. Look at the following sentences.

L'élève est plus grand que le professeur.

Le chat est moins content que le chien.

Annie est aussi grande que sa mère.

The following words are used to express comparisons.

plus... que   *more . . . than (. . .–er . . . than)*
moins... que   *less . . . than*
aussi... que   *as . . . as*

Note the liaison after **plus** and **moins** when the adjective begins with a vowel.

plus intelligent   **moins élégant**

After **que,** the stress pronouns must be used.

Jean est aussi intelligent que moi, mais il est moins intelligent qu'elle.

The adjective **bon/bonne** has an irregular comparative form:

Ce magasin est meilleur que cette boutique.
Cette viande-ci est bonne, mais cette viande-là est meilleure.

Exercice 6   Qui est plus âgé?
Faites des comparaisons.

Mon grand-père a 65 ans.	Mon oncle a 48 ans.
Ma mère a 44 ans.	Mon père a 46 ans.
Ma cousine a 23 ans.	Mon cousin a 23 ans.

Exercice 7   Des comparaisons
Comparez chaque paire. Employez *plus* ou *moins*.

1. Paris / Washington   **vieux**
2. les monuments de Paris / les monuments de New York   **vieux**
3. le métro de Paris / le métro de New York   **moderne**
4. la pollution / l'inflation   **grave**
5. le métro / le bus   **meilleur**
6. ce plan-ci / ce plan-là   **meilleur**

Exercice 8   Personnellement
Répondez. Employez un pronom dans la réponse.

1. Êtes-vous plus intelligent(e) que vos profs?
2. Vos amis sont-ils plus intelligents que vous?
3. Votre mère est-elle plus âgée que votre père?
4. Votre grand-mère est-elle plus jeune que votre grand-père?

Prononciation   *l* mouillé

ill		ie, ia, ieu
fille	Mireille	bien
famille	Guillaume	ciel
brille	maillot	chien
vieille	juillet	piano
bouteille	billet	vieux

Pratique et dictée

La fille porte un vieux maillot.
La famille de Guillaume a un chien.
En juillet le soleil brille dans le ciel bleu.
Mireille a une très vieille bouteille.

Conversation

On prend le métro

Bernard   Voilà l'entrée du métro. Regardons le plan à l'extérieur de la station.

Charlie   Quelle ligne va à l'Opéra?

Bernard   C'est la ligne Mairie d'Ivry-Fort d'Aubervilliers.

Charlie   Ah, bon! On prend l'escalier mécanique ou on descend à pied?

Bernard   Descendons à pied.

Charlie   D'accord! Nous sommes deux jeunes hommes forts.

Bernard   Allez vite! Le train arrive!

Exercice Répondez.

1. Où sont Charlie et Bernard?
2. Qu'est-ce qu'il y a à l'extérieur de la station?
3. Où vont les deux garçons?
4. Quelle ligne prennent-ils?
5. Est-ce qu'ils prennent l'escalier mécanique ou descendent à pied?
6. Qu'est-ce qui arrive?

Expressions utiles

There is a common expression in French that people use to show vexation or dissatisfaction. It is roughly equivalent to *Darn!*

Zut!
Zut alors!

There is a colloquial expression that you may use with your friends to say *Don't worry about it!*

Ne t'en fais pas!

ℓecture culturelle

Attention aux portes automatiques!

Charlie est un étudiant• américain en France. Il passe une année• chez Bernard, son ami parisien.

Un jour, Charlie regarde ses chaussures.•

— Zut alors! Regarde mes chaussures! Elles sont–euh–finies.

— Finies, non, corrige• Bernard. Mais tu as raison. Elles sont bien vieilles; elles sont fichues.•

— D'accord! Elles sont fichues. J'ai besoin de nouvelles chaussures, n'est-ce pas? Mais je n'ai pas beaucoup d'argent.

— Ne t'en fais pas! Il y a des chaussures bon marché• au Monoprix.

— Monoprix? Qu'est-ce que c'est?

— C'est un des grands magasins de Paris.

— Bon! Allons donc acheter mes chaussures!

Les deux garçons quittent l'appartement et vont à l'entrée du métro. Comme c'est une vieille station, il n'y a pas d'escalier mécanique. Il y a seulement• un vieil ascenseur.

Bernard achète un carnet de tickets et donne un ticket à son ami.

— Vite! Vite! crie Bernard. Un train arrive!

•**étudiant** *college student*	•**année** *year*	•**chaussures** *shoes*	•**corrige** *corrects*
•**fichues** *"shot," ruined*	•**bon marché** *cheap, reasonable*	•**seulement** *only*	

Le train arrive bientôt⸱ et les deux amis entrent dans une voiture de deuxième classe. Ils vont en deuxième parce que c'est bien sûr moins cher⸱ qu'en première.

Dans la voiture Charlie regarde le plan de la ligne numéro 7, Mairie d'Ivry-Fort d'Aubervilliers.

— Quelle direction prenons-nous? demande-t-il.

— Fort d'Aubervilliers. Nous descendons à la station des Pyramides. Elle est moins grande que la station de l'Opéra, mais elle est plus près du Monoprix. Les deux amis arrivent. Ils entendent la sonnerie et descendent vite. Même les vieilles lignes du métro ont de nouvelles voitures, et toutes les nouvelles voitures ont des portes automatiques.

Exercice 1 Complétez.

1. Charlie passe une _____ chez Bernard.
2. Les _____ de Charlie sont fichues.
3. Il a _____ de nouvelles chaussures.
4. Charlie n'a pas beaucoup d'_____ .
5. Au Monoprix il va trouver des _____ bon marché.

Exercice 2 Choisissez.

1. Le Monoprix est _____ .
   a. un métro
   b. un grand magasin
   c. une station

2. Pour aller sur les quais Bernard et Charlie prennent _____ .
   a. la vieille station
   b. un vieil ascenseur
   c. un escalier mécanique

3. Bernard achète un carnet de _____ .
   a. cartes
   b. tickets
   c. passeports

4. Bernard crie «Vite!» parce que _____ .
   a. le train arrive
   b. le train est vieux
   c. l'escalier est mécanique

Exercice 3 Répondez.

1. Quand est-ce que le train arrive?
2. Est-ce que les garçons entrent dans une voiture de première classe?
3. Qui regarde le plan de la ligne Mairie d'Ivry-Fort d'Aubervilliers?
4. À quelle station est-ce que Bernard et Charlie descendent?
5. Pourquoi est-ce que les garçons descendent vite?

⸱**bientôt** *soon*   ⸱**cher** *expensive*

Activités

1

Regardez le plan du métro de Paris.

- Quelle ligne prenez-vous pour aller à la Porte d'Orléans?
- Quel est l'autre terminus de cette ligne?
- Nommez les quatre lignes qui vont à Montparnasse-Bienvenue.
- On change de ligne dans une station de correspondance. Nommez deux stations de correspondance.

2

Expliquez pourquoi il y a généralement plusieurs voitures de deuxième classe mais seulement une voiture de première classe.

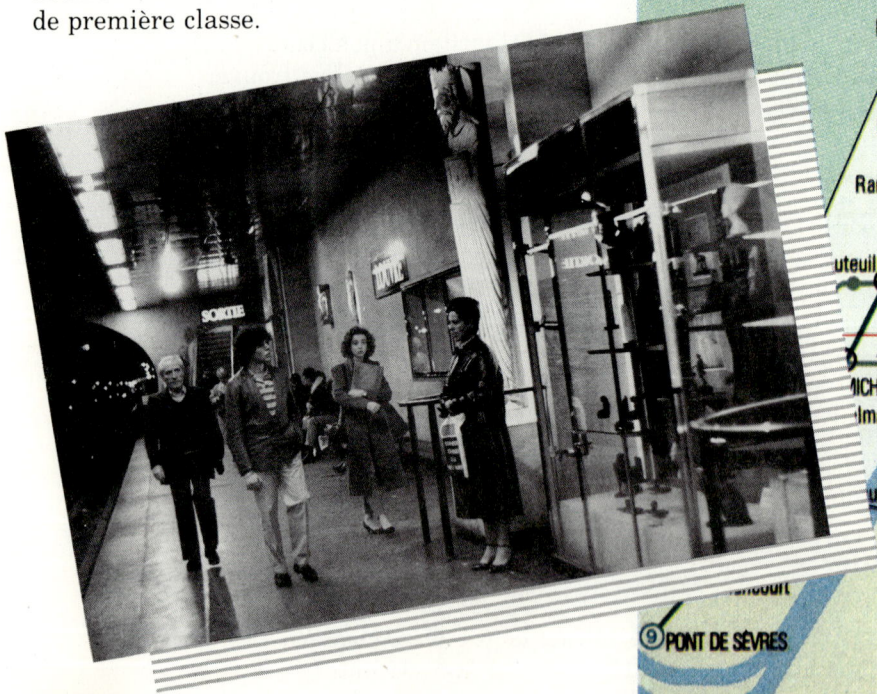

3

Say as much as you can about the photo.

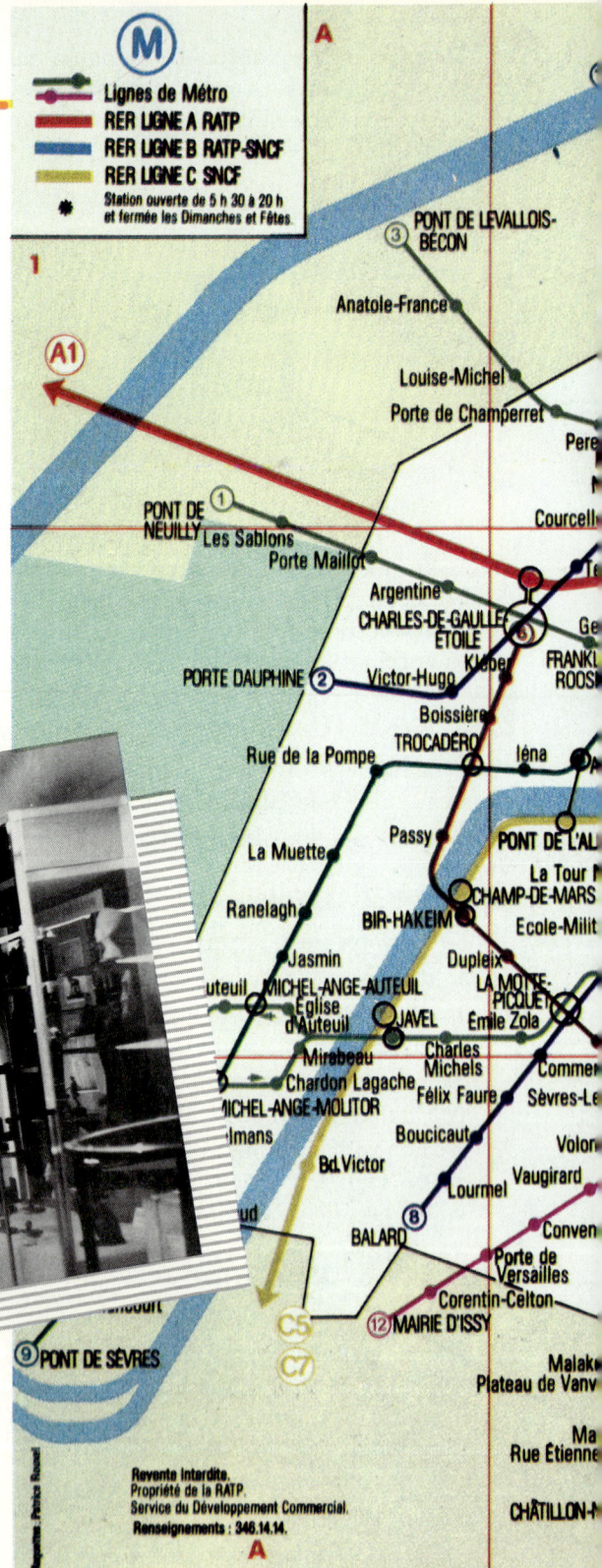

202

B · C · D

Carrefour Pleyel · B3 · B5 · 13

Mairie de Saint-Ouen · 7 FORT-D'AUBERVILLIERS

(Gennevilliers) · Garibaldi · Aubervilliers - Pantin 4 Chemins

Mairie de Clichy · Porte de Saint-Ouen · PORTE DE CLIGNANCOURT · PORTE DE LA CHAPELLE · Porte de la Villette

Saint-Denis - Porte de Paris · SAINT-DENIS-BASILIQUE (Hôtel-de-Ville)

Brochant · Guy-Môquet · 4 Simplon · Corentin-Cariou · ÉGLISE DE PANTIN

Clichy · Jules Joffrin · MARCADET-POISSONNIERS · 12 · Marx-Dormoy · Hoche · 5

LA FOURCHE · Lamarck-Caulaincourt · Château-Rouge · Crimée · Porte de Pantin

PLACE DE CLICHY · Abbesses · Anvers · LA CHAPELLE · Riquet · STALINGRAD · Laumière · Ourcq

Rome · Blanche · PIGALLE · BARBÈS-ROCHECHOUART · LOUIS BLANC · Bolivar · Danube · PRÉ-SAINT-GERVAIS

VILLIERS · Liège · Saint-Georges · GARE DU NORD · JAURÈS · Buttes-Chaumont · MAIRIE DES LILAS · 11

Europe · Trinité · Notre-Dame-de-Lorette · Château Landon · Colonel Fabien · Botzaris · Télégraphe · PORTE DES LILAS · 3B

SAINT-LAZARE · Saint-Augustin · HAVRE-CAUMARTIN · Poissonnière · GARE DE L'EST · BELLEVILLE · Pyrénées · Jourdain · PLACE DES FÊTES · Saint-Fargeau

Saint-Philippe-du-Roule · CHAUSSÉE-D'ANTIN · Cadet · Château-d'Eau · Couronnes · Ménilmontant · Pelleport · GALLIENI · 3

AUBER · OPÉRA · RICHELIEU-DROUOT · Le Peletier · Bonne-Nouvelle · Jacques Bonsergent · Goncourt · GAMBETTA · 3B · Porte de Bagnolet

MADELEINE · Rue Montmartre · STRASBOURG-SAINT-DENIS · RÉPUBLIQUE · Parmentier · PÈRE-LACHAISE

CONCORDE · Quatre-Septembre · Bourse · Sentier · Temple · Saint-Maur · OBERKAMPF · Philippe-Auguste · MAIRIE DE MONTREUIL

Pyramides · RÉAUMUR-SÉBASTOPOL · Étienne Marcel · ARTS-ET-MÉTIERS · Filles du Calvaire · Saint-Ambroise · Alexandre-Dumas · Croix-de-Chavaux · 9

Tuileries · PALAIS-ROYAL · LES HALLES · Louvre · CHÂTELET-LES HALLES · Rambuteau · Saint-Sébastien-Froissart · Voltaire · Porte de Montreuil · Robespierre

QUAI D'ORSAY · Pont-Neuf · Saint-Maur · Richard-Lenoir · Charonne · Avron · Maraîchers

Chambre des Députés · 11 · HÔTEL DE VILLE · Chemin-Vert · Bréguet-Sabin · Boulets Montreuil · Buzenval · Porte de Vincennes

Varenne · SOLFÉRINO · CHÂTELET · Chemin-Vert · Saint-Paul · Ledru-Rollin · NATION · Bérault

Cité · Pont Marie · BASTILLE · 2 · 6 · Saint-Mandé-Tourelle · CHÂTEAU DE VINCENNES · 1

François-Xavier · Rue du Bac · SÈVRES-BABYLONE · ODÉON · SAINT-MICHEL · Sully-Morland · Picpus · A2

DUROC · Vaneau · Mabillon · Saint-Sulpice · Maubert-Mutualité · Faidherbe-Chaligny · REUILLY-DIDEROT · Bel-Air · A4

Saint-Placide · Rennes · Notre-Dame-des-Champs · Cardinal Lemoine · Quai de la Rapée · Montgallet · DAUMESNIL

MONTPARNASSE-BIENVENÜE · JUSSIEU · GARE DE LYON · Michel Bizot

Edgar-Quinet · Vavin · Port-Royal · Luxembourg · Monge · 10 · GARE D'AUSTERLITZ · Dugommier

Gaîté · RASPAIL · Censier-Daubenton · Bercy · Porte Dorée

Pernety · DENFERT-ROCHEREAU · Les Gobelins · Saint-Marcel · Quai de la Gare · Porte de Charenton · Liberté · 3

Mouton-Duvernet · Saint-Jacques · Glacière · Corvisart · Campo-Formio · Chevaleret · Charenton-Écoles

Alésia · 5 · Nationale · Boulevard Masséna · Alfort-École vétérinaire · Maisons-Alfort - Stade

Porte de Vanves · PLACE D'ITALIE · Tolbiac · Maisons-Alfort - Les Juilliottes

4 · D'ORLÉANS · Maison-Blanche · Porte de Choisy · Porte d'Ivry · Pierre-Curie · Créteil-l'Échat (Hôp. Henri Mondor)

B2 · B4 · Cité Universitaire · Porte d'Italie · C2 · C4 · C6 · Créteil-Université

LE KREMLIN-BICÊTRE · 7 · MAIRIE D'IVRY · 7 · CRÉTEIL-PRÉFECTURE (Hôtel-de-Ville) · 8

galerie vivante

Voici deux jolies stations de métro à Paris.
Quelle station est plus moderne, La Défense ou Montparnasse-Bienvenüe?

Madame Joinville ne va pas au guichet pour acheter ses tickets de métro. Dans les grandes stations de métro il y a aussi des distributeurs automatiques.

Le train arrive à la station Bir-Hakeim. Est-ce qu'il y a beaucoup de gens qui prennent le métro?

Voici une carte orange pour le métro, le train ou le bus à Paris. On vend des cartes oranges pour un mois ou pour un an. Si on circule souvent dans la région parisienne, c'est une bonne idée d'acheter une carte orange. Avec une carte orange, il n'est pas nécessaire d'attendre au guichet pour acheter des tickets. Et une carte orange coûte moins cher que les tickets individuels.

Voici un ticket de métro. C'est un ticket de première classe ou de deuxième classe? Est-il possible d'utiliser le même ticket dans l'autobus?

CARTE ORANGE

RATP SNCF APTR

nom
prénom   KRIEGER Janet

signature
Janet Krieger

P 170783 ← N° à reporter sur le coupon

CARTE ORANGE

N°: 603416   2

85937

coupon mensuel
zones de validité :

1 2 AVR 83

RATP   2
c U–U

METRO
AUTOBUS
B 0703

14

Les grands magasins

un vendeur   une vendeuse

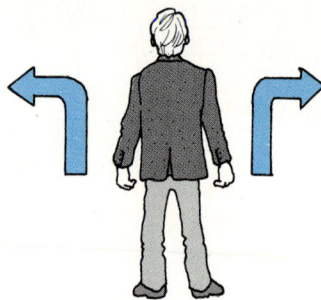

à gauche   à droite

bon marché   en solde

un pull   un chandail

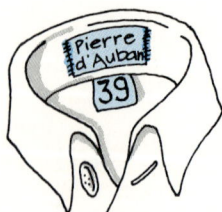 

heureux   heureuse

la taille   la pointure

La vendeuse **travaille** dans **un grand magasin.**

Elle travaille au rayon des pulls et chandails.

La vendeuse **suggère** un beau pull bleu.

La cliente préfère le **vert.**

Exercice 1   Dans un grand magasin
Répondez.

1. Quel rayon est-ce?
2. Est-ce que la vendeuse suggère un pull bleu ou un chandail bleu?
3. Quel pull est-ce que la cliente préfère?
4. Est-ce que le pull vert est cher ou bon marché?
5. Est-il en solde?
6. Est-ce que la cliente est heureuse?

Exercice 2   Complétez.

1. Ce n'est pas un vendeur; c'est une _____ .
2. Le pull n'est pas cher; il est _____ _____ .
3. La cliente n'est pas triste; elle est _____ .
4. Les pulls et les chandails ne sont pas à gauche; ils sont à _____ .
5. Ce n'est pas un chandail; c'est un _____ .

Les couleurs et les vêtements

Quelle couleur préférez-vous?

blanc blanche	violet violette	jaune	noir noire	bleu bleue

orange	brun brune	vert verte	rouge

un pull orange

une robe verte

des chaussettes brunes

un chemisier jaune

un pantalon bleu

une chemise blanche

une jupe violette

un short blanc

une cravate rouge

un tee-shirt rouge

des chaussures noires

Exercice 3 Que portent-ils?

Continuez la description de Claire et de Léon d'après les illustrations.

Claire porte un chemisier jaune et...

Léon porte une chemise verte et...

Exercice 4 Personnellement

Choisissez des amis dans la classe. Décrivez ce qu'ils portent aujourd'hui. Et décrivez ce que vous portez aussi.

Structure

Les verbes comme *préférer*

Study the forms of the present tense of **préférer.** Pay attention to the accent on the second **e** of the stem.

Infinitive	préférer
Present tense	je préfère
	tu préfères
	il/elle préfère
	nous préférons
	vous préférez
	ils/elles préfèrent

Note that the **nous** and **vous** forms of **préférer** retain the second **é** of the infinitive, while the other forms change to **è.**

Three other verbs that are conjugated like **préférer** are:

suggérer (*to suggest*): je suggère / nous suggérons
espérer (*to hope*): j'espère / nous espérons
célébrer (*to celebrate*): je célèbre / nous célébrons

Exercice 1 Personnellement
Répondez.

1. Vous préférez danser ou écouter des disques?
2. Vous préférez regarder la télé ou aller au cinéma?
3. Vos parents préfèrent dîner chez vous ou aller au restaurant?
4. Vos parents préfèrent voyager en train ou en avion?
5. Votre ami(e) préfère aller à la plage ou à la montagne?
6. Votre ami(e) et vous, vous préférez nager ou skier?
7. Vous deux, vous préférez les sports d'été ou les sports d'hiver?

Exercice 2 Martine fait des courses.
Complétez.

Martine fait des courses dans un grand magasin. Elle _____ (espérer) acheter un beau chandail pour sa sœur. La vendeuse _____ (suggérer) un pull.

— Un pull. Eh bien, c'est une bonne idée.
— Quelle couleur _____-vous (préférer), mademoiselle?
— Je _____ (préférer) le bleu.
— Voilà un beau pull bleu. Il est en solde.
— Magnifique!

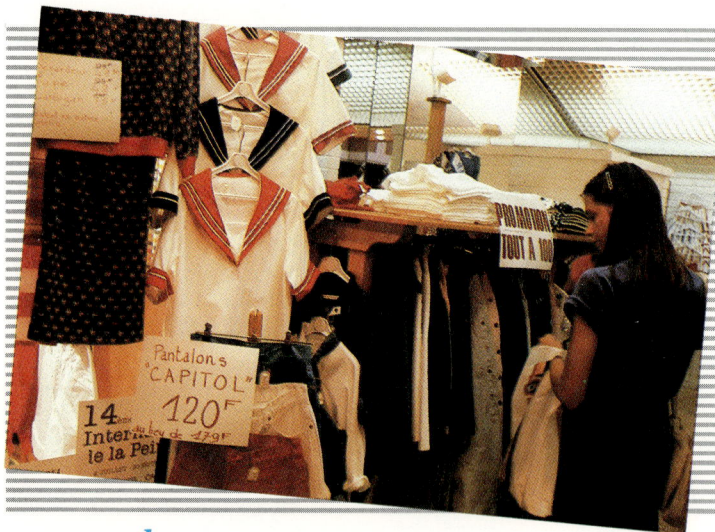

Les adjectifs comme *heureux*

Note the forms of the adjective **heureux**.

Paul est heureux.	**Les vendeurs sont heureux.**
Marie-Claire est heureuse.	**Les vendeuses sont heureuses.**

Adjectives that end in **-eux** in the masculine end in **-euse** in the feminine. The masculine singular and plural forms are the same. You will note that many adjectives that end in **-eux** are cognates.

délicieux	**sérieux**
généreux	**merveilleux**
nerveux	

Exercice 3 Répondez.

1. Ton amie Ginette, est-elle toujours heureuse?
2. Est-elle généreuse?
3. Est-elle sérieuse?
4. Et son ami Jean-Luc, est-il sérieux aussi?
5. Prépare-t-il des dîners délicieux?
6. Et toi? Prépares-tu des dîners délicieux?
7. Es-tu un peu nerveux (-euse) dans la cuisine?

Exercice 4 Un jeune vendeur
Lisez le paragraphe. Ensuite substituez *Diane* à *Richard*.

Richard est un jeune parisien. Il est vendeur dans un grand magasin. Il est heureux parce qu'il aime travailler au magasin. Bien sûr, il est sérieux avec les clients. Richard n'est pas nerveux avec les clients.

Exercice 5 Personnellement
Répondez.

1. Êtes-vous toujours heureux?
2. Quand êtes-vous nerveux?
3. Êtes-vous sérieux au lycée?
4. Vos parents sont-ils toujours sérieux?

Le superlatif

As you know, the comparative construction is used in comparing two things. The superlative is used when one singles out an item from a group and compares it to the group. In English the superlative is expressed by *the most . . .* or *the . . .-est.* Look at the following sentences.

La jupe noire est chère.

La jupe brune est plus chère que la jupe noire.

Mais la jupe bleue est la plus chère du magasin.

320f   380f   550f

The superlative is formed by placing **le plus, la plus,** or **les plus** before the adjective.

Georgette est la vendeuse la plus intelligente du magasin.

The least . . . is expressed by **le moins, la moins,** or **les moins.**

C'est le magasin le moins cher de la ville.

Notice that *in* or *of* after a superlative is expressed by **de.**
The superlative form of **bon/bonne** is irregular.

C'est le meilleur pain de Paris.
C'est la meilleure musique.

Exercice 6 Au contraire

Répondez avec le contraire.

C'est le lycée le plus moderne?
Au contraire! C'est le lycée le moins moderne!

1. C'est le vendeur le plus nerveux?
2. C'est l'élève la moins sérieuse?
3. C'est l'avion le plus rapide?
4. C'est le train le moins confortable?

5. C'est le film le plus comique?
6. C'est le programme le moins intéressant?
7. C'est la fille la plus généreuse?

Exercice 7 Des comparaisons

Complétez avec un adjectif de votre choix.

1. Mon grand-père est le plus _____ de la famille. Mon père est le plus _____ et ma mère est la plus _____ . Moi, je suis le (la) plus _____ . Mais je suis le (la) moins _____ .
2. Le meilleur élève (la meilleure élève) en français est _____ , mais le meilleur (la meilleure) en maths, c'est _____ .
3. Moi, naturellement, je suis le meilleur (la meilleure) en _____ !

Prononciation   Les sons /ø/ et /œ/

/ø/	/œ/
eux	leur
deux	heure
bleu	sœur
vieux	couleur
heureux	vendeur
nerveux	professeur
généreux	intérieur

Pratique et dictée

Le professeur est heureux.
Où est leur sœur?
Ces deux vendeurs sont nerveux.

À quelle heure arrive le vieux?
Eux, ils aiment le bleu.
Regardez la ligne bleue à l'intérieur.

Expressions utiles

There are two ways to say *What size are you?* in French. When someone asks you your shoe size they will say:

Quelle pointure faites-vous?

When asking about a clothing size they will say:

Quelle est votre taille?

Conversation

Dans un grand magasin

Vendeur	Bonjour, mademoiselle. Vous désirez?
Marie-Claire	Une cravate pour mon père, s'il vous plaît.
Vendeur	Pour la Fête des Pères?
Marie-Claire	Oui, c'est ça! Quelle sorte de cravate suggérez-vous?
Vendeur	Est-ce que votre père préfère les couleurs vives ou sombres?*
Marie-Claire	Oh, il est très sérieux, mon père! Sa couleur préférée est le bleu foncé.*
Vendeur	Bien. Voici trois jolies cravates bleues, mademoiselle.
Marie-Claire	Quelle cravate est la plus chère?
Vendeur	Cette cravate-ci. Elle est en soie.* C'est aussi la plus élégante, mademoiselle.
Marie-Claire	Alors, c'est la cravate que je voudrais pour papa! Il est toujours très généreux avec moi.

Exercice 1 Corrigez.

1. Marie-Claire est au rayon des chemises.
2. Elle désire acheter une jupe pour sa mère.
3. Le père de Marie-Claire préfère les couleurs vives.
4. Sa couleur préférée est le bleu clair.
5. Marie-Claire choisit la cravate la moins chère.
6. Elle choisit la cravate la moins élégante.

Exercice 2 Répondez.

1. Est-ce que votre père préfère les couleurs vives ou sombres?
2. Quelle couleur préfère-t-il?
3. Et vous, quelle couleur préférez-vous?
4. Est-ce que votre père est très généreux avec vous? Et votre mère?

Expressions utiles

When English speakers have trouble understanding something, they say *I get it!* when they finally get the point. The equivalent expression in French is:

J'y suis!

---

* **vives ou sombres**   *bright or dark*   * **bleu foncé**   *dark blue*   * **soie**   *silk*

Lecture culturelle

Hourrah! Elles sont en solde!

Dans le grand magasin Bernard demande: — Pardon, mademoiselle. Où est le rayon des chaussures?

— Au fond,• à gauche, monsieur, répond la vendeuse.

Les garçons ont de la chance; il n'y a pas beaucoup de clients à cette heure-ci. Le vendeur de chaussures est un jeune homme aimable.•

— Bonjour, messieurs. Vous désirez?

— Je voudrais une paire de chaussures, pas trop• chère, explique• Charlie.

— De quel modèle, monsieur?

— Je préfère les bottes.

— Des bottes de cow-boy ou des bottes de sport?

— De sport, pour la motocyclette.

— Tu blagues, Charlie. Tu n'as pas de moto!

— Tu as raison, Bernard; mais les bottes de moto sont les chaussures les plus solides du monde.

— De quelle couleur préférez-vous les bottes, monsieur?

— Moi, je préfère le noir.

— Quelle pointure faites-vous, monsieur?

Pointures

	Pour Femmes					Pour Hommes				
Américain	4	5	6	7	8	Américain	7½	8	8½	9½	10
Français	34/35	35/36	37/38	39/40	41/42	Français	40	41	42	43	44

— Pointure? Je ne comprends pas. Ah, j'y suis! Je fais du neuf et demi.

— Neuf et demi aux États-Unis, mais ici en France ça fait 43. Bon. Un instant, monsieur.

Charlie essaie• plusieurs• paires de bottes. Enfin il choisit une belle paire de bottes noires. Elles sont assez confortables et heureusement elles sont très bon marché. Elles sont en solde!

• **au fond** *in the back*	• **aimable** *nice*	• **trop** *too*
• **explique** *explains*	• **essaie** *tries on*	• **plusieurs** *several*

Exercice 1   Complétez.

1. Bernard et Charlie sont dans _____ .
2. Le rayon des chaussures est _____ .
3. À cette heure-ci il n'y a pas beaucoup de _____ .
4. Le vendeur de chaussures est _____ .
5. Charlie désire acheter _____ .
6. Charlie désire des bottes de sport parce que _____ .

Exercice 2   Répondez.

1. Quelle pointure fait Charlie, d'après le système américain? Et d'après le système français?
2. Combien de paires de chaussures est-ce que Charlie essaie?
3. Qu'est-ce qu'il choisit enfin?
4. Comment sont les bottes de Charlie?
5. Pourquoi sont-elles bon marché?

Activités

1 Qu'est-ce que vous portez aujourd'hui? Faites une description complète.

2 Une interview

- Est-ce qu'il y a un grand magasin dans votre ville? Dans une ville près de chez vous?
- Vous allez souvent dans ces magasins?
- Qu'est-ce que vous achetez dans les grands magasins?
- Quels rayons préférez-vous?
- Quels rayons n'aimez-vous pas?

3 Charlie désire acheter un blue-jeans. Préparez un petit dialogue (8 lignes) entre le vendeur et Charlie.

Des expressions utiles:

    Vous désirez?
    De quelle couleur?
    s'il vous plaît/merci
    je préfère
    cher/bon marché
    en solde
    C'est combien?

galerie vivante

Les tailles en France ne sont pas les mêmes qu'aux États-Unis.
Si vous allez acheter quelque chose dans un grand magasin ou dans
une boutique en France, il est nécessaire de donner votre taille
dans le système français. Voici une petite table de conversion.

POUR LES FEMMES				
Les blouses et les pulls				
Etats-Unis	32	34	36	38	40
France	38	40	42	44	46
Les chaussures				
Etats-Unis	5½-6	6½-7	7½-8	8½-9
France	37-38	38-39	39-40	40-41

POUR LES HOMMES				
Les chemises				
Etats-Unis	14½	15	15½	16	16½
France	37	38	39	40	41
Les chaussures				
Etats-Unis	6½-7	7½-8	8½-9	9½-10
France	40-41	41-42	42-43	43-44

Blouses ou chemises: Quelle est votre taille dans le système américain?
Quelle est votre taille dans le système français?

Chaussures: Quelle est votre pointure dans le système américain?
Quelle est votre pointure dans le système français?

Voici une boutique à Nice.
Est-ce que c'est une boutique
unisexe? Combien coûtent les
tee-shirts?

GALERIES
LAFAYETTE

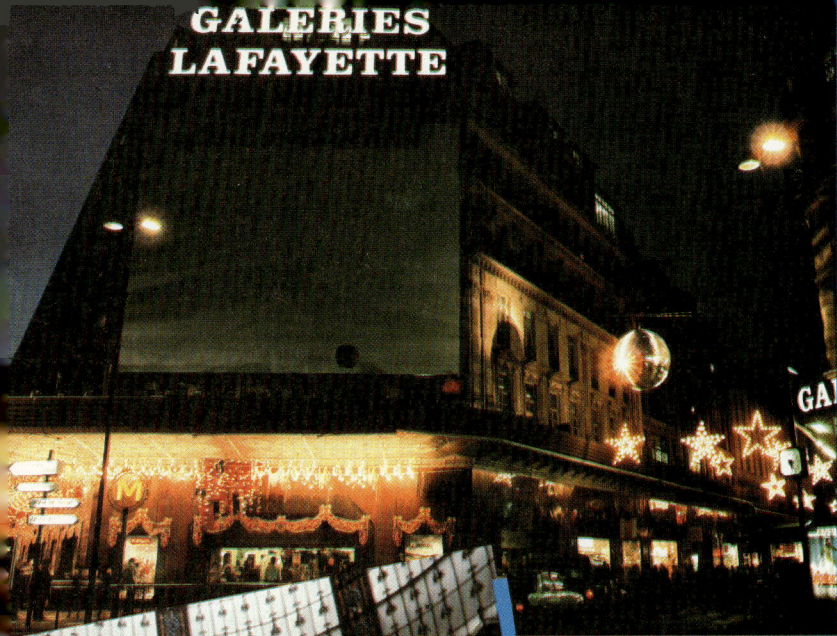

Voici les Galeries Lafayette
à Paris. C'est un grand
magasin. Bientôt on va
célébrer Noël. Est-ce qu'on
décore les grands magasins
en France pour Noël?

Voici l'intérieur des Galeries Lafayette. Est-ce que
vous avez un grand magasin comme les Galeries
Lafayette près de chez vous? Quel magasin est-ce?
Est-ce qu'il y a beaucoup de rayons aux Galeries
Lafayette?

Voici l'intérieur du grand magasin La
Samaritaine. Qu'est-ce qu'on prend pour aller
d'un étage à l'autre? Est-ce qu'on annonce
beaucoup de soldes?

15 Plus moderne que le snack

Dans un restaurant «fast food»

Le restaurant est en France.
Il est à Paris.
La **spécialité-maison** est le poulet.

le poulet

la caisse

Les garçons **veulent payer.**
Ils **font la queue devant** la caisse.
C'est la caissière qui prend l'argent.

la queue

la caissière

218

Dans un café français

**un sandwich
au jambon**

**un sandwich
au fromage**

un croque-monsieur

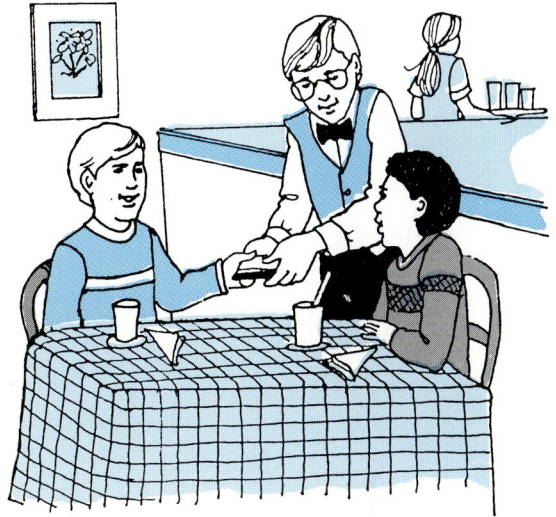

Ils veulent payer.
Ils **peuvent** payer le garçon.

Exercice 1   Au restaurant
Choisissez.

1. Nous sommes dans _____ .
   a. un grand magasin
   b. un restaurant
   c. une école

2. Ici on sert _____ .
   a. des hamburgers
   b. des pizzas
   c. du poulet

3. À la caisse les garçons _____ .
   a. font du français
   b. font la queue
   c. font du ski

4. C'est la caissière qui prend _____ .
   a. le poulet
   b. la spécialité
   c. l'argent

5. Un sandwich typiquement français est _____ .
   a. un hamburger
   b. un croque-monsieur
   c. un club sandwich

Exercice 2   Un restaurant à Paris
Répondez.

1. Est-ce que le restaurant «fast food» est à Paris ou à Nice?
2. Est-il en Italie ou en France?
3. Quelle est la spécialité-maison?
4. Est-ce que les garçons veulent payer ou commander?
5. Où font-ils la queue?
6. Qui prend l'argent au restaurant «fast food»?

219

Structure

Les prépositions avec les noms géographiques

To express *to* or *in* with the name of a city, the preposition **à** is used.

> **Je suis à Paris.**
> **Il va à Marseille.**

With the name of a continent, a feminine country, or a province, **en** is used. Countries whose names end in **e,** with the exception of **le Mexique,** are feminine.

> *Continent:* **Ils vont en Europe.**
> *Feminine country:* **Nous sommes en France.**
> *Province:* **Je vais en Bretagne.**

With a masculine country, **au** or **aux** is used.

> **Va-t-il au Canada?**
> **Ils sont aux États-Unis.**

Exercice 1   Où sont situés ces monuments?
Suivez le modèle.

New York   Moscou
Paris   Rome
Londres

La cathédrale de Notre Dame...
La cathédrale de Notre Dame est à Paris.

1. La statue de la Liberté...
2. Big Ben...
3. Le Kremlin...
4. Le Vatican...
5. La tour Eiffel...

Exercice 2   La famille d'Henri est partout!
Répondez.

1. Qui est en Afrique? Ses cousins?
2. Qui est en Alsace? Ses grands-parents?
3. Qui est en Belgique? Ses cousines?
4. Qui est en Italie? Ses oncles?
5. Qui est en Indochine? Sa sœur?

Exercice 3   Une leçon de géographie
Suivez le modèle.

au Pérou   au Canada   aux États-Unis
au Japon   au Brésil   au Mexique

Je vais à Québec.
Ah, vous allez au Canada!

1. Je vais à Montréal.
2. Je vais à Osaka.
3. Je vais à Boston.
4. Je vais à Rio.
5. Je vais à Lima.
6. Je vais à Acapulco.

Exercice 4 Ma sœur fait un voyage.
Complétez avec la préposition qui convient.

Cet été ma sœur va _____ Canada. Elle va passer deux semaines _____ Montréal; ensuite elle va aller _____ Toronto. Elle pense aller _____ États-Unis et _____ Mexique avant de rentrer _____ France. Mon frère au contraire va passer tout l'été _____ Suisse et _____ Allemagne.

Les verbes *pouvoir* et *vouloir*

Study the forms of the irregular verbs **pouvoir** (*to be able*) and **vouloir** (*to want*).

Infinitive	pouvoir	vouloir
Present tense	je peux	je veux
	tu peux	tu veux
	il/elle peut	il/elle veut
	nous pouvons	nous voulons
	vous pouvez	vous voulez
	ils/elles peuvent	ils/elles veulent

Note that the singular forms sound the same. The **nous** and **vous** forms have the same base as the infinitive. The **ils** and **elles** forms have the same stem as the singular forms but add the consonant of the infinitive.

Exercice 5 Je ne peux pas / Il ne veut pas
Suivez les modèles.

Je veux aller au restaurant mais...
Je veux aller au restaurant mais je ne peux pas.

1. Je veux aller avec vous mais...
2. Je veux dîner en ville mais...
3. Je veux aller au cinéma mais...

Mon frère peut aller au restaurant mais...
Mon frère peut aller au restaurant mais il ne veut pas.

4. Mon frère peut aller avec vous mais...
5. Il peut dîner en ville mais...
6. Il peut aller au cinéma mais...

Exercice 6 Ils veulent aller au Canada.
Complétez avec *vouloir* et *pouvoir*.

Jean et Marie _____ faire le voyage mais ils ne _____ pas. Ils _____ bien aller au Canada. Ils ont très envie de visiter le pays. S'ils _____ visiter le Canada, pourquoi ne _____-ils pas faire le voyage? Très simple! Ils sont fauchés. Dis donc! Tu _____ faire un voyage quand tu es fauché(e)?

Exercice 7 À la fête
Suivez le modèle.

Dînez avec nous!
Nous ne pouvons pas dîner.

1. Chantez avec nous!
2. Jouez avec nous!

3. Dansez avec nous!
4. Nagez avec nous!

Exercice 8 À la fête
Suivez le modèle.

Vous voulez danser?
Mais oui, nous voulons bien!

1. Vous voulez manger du poulet?
2. Vous voulez jouer au Scrabble?

3. Vous voulez écouter des disques?
4. Vous voulez regarder la télé?

Exercice 9 Les garçons sont fauchés!
Complétez le paragraphe avec la forme convenable de *pouvoir* ou *vouloir*.

Pierre et son frère Jacques ont faim. Ils _____ aller dans un restaurant où ils
_____ dîner rapidement. Mais ils sont fauchés et ils ne _____ pas dépenser •
beaucoup d'argent. Pierre a toujours un grand appétit et il _____ deux
hamburgers. Mais Jacques crie, — Pas question! Tu _____ prendre seulement un
hamburger aujourd'hui!
— Quel radin, • murmure Pierre.

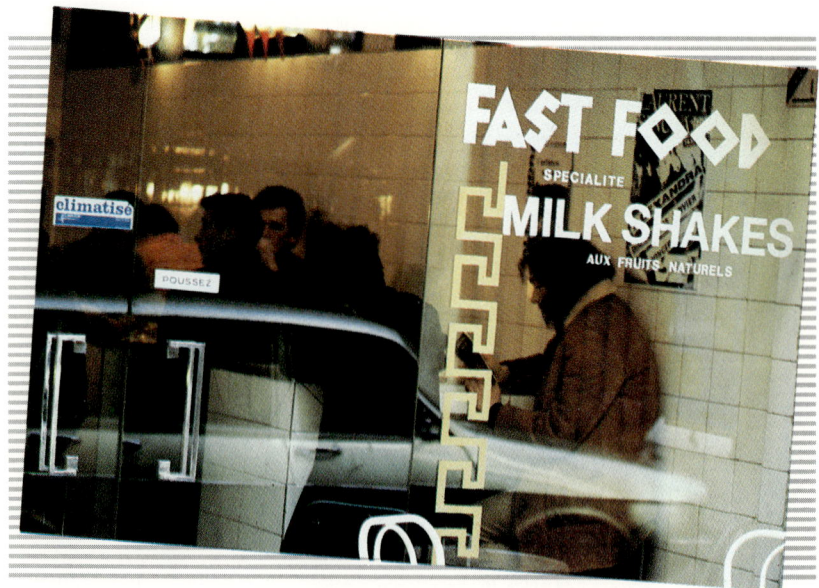

•**dépenser** *spend*   •**radin** *tight-fisted person*

Exercice 10 Personellement
Répondez.

1. Où voulez-vous aller après les classes?
2. À quel restaurant pouvez-vous aller?
3. Pouvez-vous aller au restaurant quand vous êtes fauché(e)?
4. Avez-vous un grand appétit?
5. Combien de hamburgers pouvez-vous manger?

Qui, pronom relatif

The pronoun **qui** (*who, that, which*) is used to link two short sentences in order to make a longer one. **Qui** is always the subject of the clause.

> **C'est Pierre. Pierre a faim.**
> **C'est Pierre qui a faim.**

> **Claire est une étudiante. Elle travaille bien.**
> **Claire est une étudiante qui travaille bien.**

Qui may refer to things as well as persons.

> **Voici une moto. La moto est chère.**
> **Voici une moto qui est chère.**

Note that the verb must agree with the subject replaced by **qui**.

> **C'est vous qui chantez bien.**
> **C'est moi qui veux un coca.**

Exercice 11 Qui aime ça?
Suivez le modèle.

Qui vend ce restaurant? Les Dupont?
Oui, ce sont les Dupont qui vendent ce restaurant.

1. Qui achète ce restaurant? Les Montaigne?
2. Qui va être le chef? M. Montaigne?
3. Qui veut être le premier client? Paul?
4. Qui adore la cuisine de M. Montaigne? Annie et Marc?
5. Qui sait faire une omelette délicieuse? Mme Montaigne?

Exercice 12 La visite de Lise
Décrivez la visite de Lise en six phrases seulement. Employez *qui*.

1. C'est Lise. Elle va au Canada.
2. Elle a des amis. Ils sont canadiens.
3. Lise rend visite à ses amis. Ils habitent la province de Québec.
4. Ce sont les Québécois. Ils parlent français et anglais.
5. Ils habitent une petite ville. Elle est dans les montagnes.
6. Lise aime les montagnes. Elles sont si belles en été.

Prononciation

Les sons /ɛn/ et /ɛ̃/

/ɛn/	/ɛ̃/
parisienne	parisien
canadienne	canadien
italienne	italien
chienne	chien
Lucienne	Lucien
aérienne	aérien
américaine	américain
certaine	certain
mexicaine	mexicain
européenne	européen
prochaine	prochain

Pratique et dictée

Combien de Canadiennes désirent être mexicaines?
Certaines Américaines ont une chienne et un chien européens.
Cet Italien travaille pour une ligne aérienne canadienne.
Lucienne est la prochaine.

Conversation

Dans un restaurant «fast food»

La serveuse	Vous désirez?
Lucien	Un sandwich au poulet et une salade, s'il vous plaît.
La serveuse	Et avec ça?
Lucien	Un coca. Ça fait combien?
La serveuse	Ça fait trente francs.
Lucien	Bon. Voici les trente francs.
La serveuse	Merci bien. Et voici votre repas. Bon appétit!

Exercice **Dans un restaurant «fast food»**
Répétez le dialogue avec les changements indiqués.

deux hamburgers
des frites

un milk-shake au chocolat
quarante francs

Lecture culturelle

Deux Whoppers, s'il vous plaît!

Charlie est bien content de ses bottes. Il passe à la caisse et il fait la queue devant la caissière. Enfin elle prend son argent et Charlie va prendre son paquet.•

— Et maintenant pour fêter tes nouvelles bottes, veux-tu aller au Burger King? suggère Bernard.

— Burger King? Ici en France? Charlie est surpris.

— C'est vrai! On peut aller à cinq Burger King à Paris. Deux sont sur les Champs-Élysées.

— Tu veux dire que les Français qui aiment la bonne cuisine acceptent les «fast foods»?

— Pourquoi pas? Comme aux États-Unis la nourriture est simple et bon marché. Et le service est rapide. Il y a beaucoup de personnes qui prennent leur repas de midi dans un restaurant «fast food».

•**paquet** *package*

— Est-ce que les Français aiment la viande hachée?[*]

— Ah oui! Les hamburgers sont très populaires en France. Mais il y a des Français qui veulent la version française de la restauration rapide ou «fast foods».

— La version française?

— Oui. Des produits[*] typiquement français—un sandwich au jambon ou au fromage. On peut choisir aussi une omelette, un croque-monsieur ou des pizza-sandwiches à la française.[*]

— Mais qu'est-ce qu'on sert au Burger King?

— Les spécialités-maison, naturellement! On peut choisir des hamburgers, des Whoppers, des frites, un milk-shake ou un Coca-Cola.

— Sans blague?

— Sans blague! Tu as faim?

— Moi, j'ai toujours faim. Allons acheter des Whoppers!

Spécial HAMBURGER
7 F
STEAK HACHÉ GRILLÉ
ŒUF A CHEVAL
FRITES
TOMATE-SAUCE

ŒUFS PLAT FRITES 5 F 50

OMELETTE FRITES 6 F 00

2 SAUCISSES FRITES 6 F 00

1 4 POULET FROID 6 F 50

SERVICE 15% NON COMPRIS

Exercice 1   Complétez.

1. Charlie est content de ses _____ .
2. Il passe à la _____ .
3. Devant la caissière il fait la _____ .
4. La _____ prend son argent.
5. Enfin Charlie prend son _____ .

Exercice 2   Répondez.

1. Pourquoi est-ce que Bernard et Charlie vont au Burger King?
2. Combien de Burger King est-ce qu'il y a à Paris?
3. Qui aime la bonne cuisine?
4. Pourquoi est-ce que les Français acceptent les «fast-foods»?
5. Qui prend le repas de midi dans un restaurant «fast food»?

---

[*]**hachée** *chopped*   [*]**produits** *products*   [*]**à la française** *French-style*

Exercice 3   Choisissez.

1. On fait des hamburgers avec de _____ .

   a. la viande saignante
   b. la viande hachée
   c. la viande à point

2. Deux produits typiquement américains sont _____ .

   a. un sandwich au jambon et un croque-monsieur
   b. les hamburgers et les milk-shakes
   c. les brioches et les croissants

3. Au Burger King on sert _____ .

   a. les spécialités-maison
   b. la version française
   c. la restauration rapide

4. Charlie a toujours _____ .

   a. froid
   b. faim
   c. chaud

5. Charlie veut prendre _____ .

   a. du poulet
   b. des Whoppers
   c. une pizza

Activités

1 Étudiez le menu et choisissez votre repas. Ça fait combien?

Poulet	6,50 F
Hamburger	4,80 F
Cheeseburger	5,70 F
Omelette/Frites	6,00 F
Frites	4,20 F
Milkshake	4,20 F
Coca	1,50 F
Café	1,20 F
Thé	1,20 F
Jus d'Orange	2,80 F

2 Une interview

- Quels restaurants «fast foods» fréquentez-vous?
- Qu'est-ce que vous prenez?
- Préférez-vous les hamburgers, les Big Macs ou les Whoppers? Pourquoi?
- Prenez-vous un Coca-Cola ou un milk-shake?
- Prenez-vous toujours des frites?

3 Préparez un dialogue de six à huit lignes entre le serveur et Charlie au Burger King.

galerie vivante

Il est vrai qu'il y a aujourd'hui beaucoup de restaurants «fast food» américains en France et ils sont très populaires...

Mais il y a aussi beaucoup de cafés français typiques. Les Français vont souvent au café pour un déjeuner rapide.

Voici des jeunes dans un café à Perpignan.

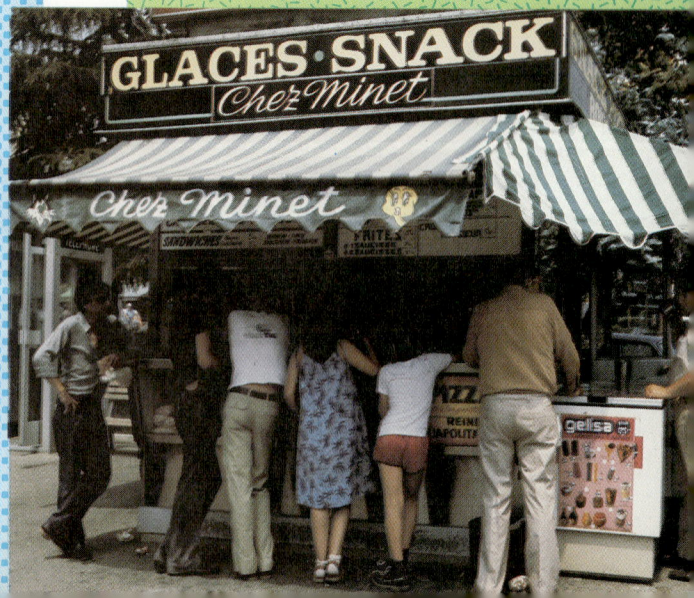

Dans beaucoup d'écoles les élèves peuvent prendre le déjeuner à la cantine de l'école. Ici les élèves mangent une salade de légumes... avec beaucoup de pain. Avec le déjeuner ils prennent de la limonade.

Ici on sert des sandwiches typiquement français comme le sandwich au jambon, le sandwich au fromage, le sandwich au pâté ou le sandwich au saucisson. Autres plats rapides, favoris des Français: omelettes ou croque-monsieur.

Il est difficile de préciser ce que les Français mangent pour le déjeuner. Mais il est facile de préciser ce qu'ils mangent pour le petit déjeuner. Voici un petit déjeuner typiquement français: du café au lait et des croissants. Si on ne mange pas de croissants, on mange du pain.

16 La haute couture

une robe longue

une robe courte

La robe **longue** est **à la mode** cette **saison**.
La robe **courte** est **démodée**; elle n'est pas **chic**.

Les clients **assistent au défilé de mannequins**.

espace pierre cardin

PIERRE CARDIN

C'est **la boutique** d'un grand **couturier**.
On vend des **accessoires** avec sa **griffe**.

230

Exercice 1 Chez un grand couturier
Répondez.

1. Qui assiste au défilé de mannequins?
2. Combien de mannequins y a-t-il?
3. Quelle robe est à la mode cette saison?
4. Quelle robe est démodée?
5. Quelle robe est chic?
6. De qui est la boutique?
7. Qu'est-ce qu'on vend?

Exercice 2 Personnellement
Répondez d'après votre opinion.

1. Préférez-vous les robes longues ou courtes?
2. Aimez-vous les mini-jupes?
3. Est-ce que le blue-jean est à la mode cette saison?
4. Est-ce que les tee-shirts sont à la mode?
5. Est-ce que la mode masculine est aussi importante que la mode féminine?
6. Achetez-vous des accessoires avec la griffe d'un grand couturier?
7. Est-il nécessaire d'être très belle ou très beau pour être mannequin?

D'autres vêtements

le costume

le tailleur

les bas collants

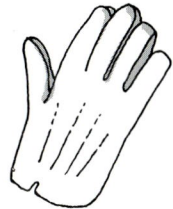

le gant

l'imperméable

le manteau

le blouson

la veste

Quelques accessoires

le parapluie

la ceinture

le collier

le sac

la boucle d'oreille

Exercice 3   Qu'est-ce qu'on porte?
Complétez avec le mot convenable.

1. Quand il pleut on porte un imperméable et un

2. Quand j'ai froid je porte un   et des

3. Les adolescents aiment le   avec le jean.

4. Les filles portent un   mais les garçons portent un

5. Ma sœur a beaucoup de

6. Ma sœur a des

7. Ma mère a un

Exercice 4   Que portez-vous?
Dites *quand* ou *pourquoi* vous portez ces vêtements. Suivez le modèle.

un blue-jeans
Je porte un blue-jean tous les jours.

1. un manteau
2. un maillot de bain
3. un imperméable

4. des gants
5. un tailleur/costume
6. les bas collants (filles seulement)

Structure

Les verbes *croire* et *voir*

Study the forms of the irregular verbs **croire** (*to believe*) and **voir** (*to see*).

Infinitive	croire	voir
Present tense	je crois	je vois
	tu crois	tu vois
	il/elle croit	il/elle voit
	nous croyons	nous voyons
	vous croyez	vous voyez
	ils/elles croient	ils/elles voient

Note that the **i** becomes **y** in the **nous** and **vous** forms.

Croire and **voir** are seldom used in the imperative form except for the exclamation **Voyons!** (*Let's see!*)

Note that **que** meaning *that* must always be used in French even though at times it is omitted in English.

Je vois *que* tu es satisfait.   *I see (that) you are satisfied.*
Il croit *que* je suis intelligent.   *He believes (that) I am intelligent.*

Exercice 1   Qu'est-ce que Marthe voit?
Marthe est dans une boutique de mode. Dites ce qu'elle voit.

un beau blouson noir
Elle voit un beau blouson noir.

1. un grand couturier
2. une griffe célèbre
3. des accessoires chers
4. des mini-robes
5. une ceinture originale

Exercice 2   Personnellement
Répondez.

1. Tu vois beaucoup de films?
2. Tu vois les films au cinéma ou à la télé?
3. Tes parents voient beaucoup de films aussi?
4. Vous voyez des films français à la télé?
5. Quels films voyez-vous?

Exercice 3 Qu'est-ce qu'on croit?
Répondez à l'affirmatif.

1. Vous croyez que Paris est une belle ville, n'est-ce pas?
2. Vos parents croient que vous êtes intelligent(e), n'est-ce pas?
3. Votre prof de français croit que vous travaillez bien, n'est-ce pas?
4. Vos amis croient que vous êtes bien aimable, n'est-ce pas?
5. Vous et votre meilleur(e) ami(e), vous croyez que les jeans sont élégants, n'est-ce pas?
6. Moi, je crois que le français est important, n'est-ce pas?
7. Votre mère croit que vous êtes adorable, n'est-ce pas?

Les expressions négatives *jamais* et *rien*

Jamais (*never*) and **rien** (*nothing*) are other negative expressions like **pas.** They, too, require **ne** before the verb.

Elle ne va jamais à Paris.	*She never goes to Paris.*
Le train n'arrive jamais à l'heure.	*The train never arrives on time.*
Je ne vois rien.	*I see nothing. (I don't see anything.)*
Tu n'achètes rien.	*You buy nothing. (You don't buy anything.)*

Exercice 4 Elle ne voyage jamais.
Suivez le modèle.

Pascale adore voyager.
Tu crois? Mais elle ne voyage jamais.

1. Pascale adore danser.
2. Pascale adore patiner.
3. Pascale adore chanter.
4. Pascale adore skier.
5. Pascale adore nager.

Exercice 5 Jacques ne fait rien.
Suivez le modèle.

Jacques ne fait pas ses devoirs.
Tu as raison. Il ne fait rien.

1. Jacques n'écoute pas de disques.
2. Jacques n'achète pas de vêtements.
3. Jacques ne dépense pas d'argent.
4. Jacques ne mange pas son sandwich.
5. Jacques n'aime pas le football.

Qui, pronom interrogatif

You have seen **qui** used as a subject meaning *who.*

> **Qui est là?**
> **Qui parle français?**

Remember that the third person singular form of the verb is used when **qui** is the subject even though the subject of the answer may be plural.

> **Qui assiste au défilé?**
> **Les femmes assistent au défilé.**

Qui may also be used as an object meaning *whom.*

> **Qui est-ce que Jean admire?**   *Whom does John admire?*
> **Qui admires-tu?**   *Whom do you admire?*

Qui may also be the object of the preposition.

> **Avec qui parlez-vous?**   *With whom are you speaking?*
> **De qui parle-t-il?**   *Of whom is he speaking?*

Exercice 6   Qui est-ce?
Lisez le poème et complétez les questions.

Pendant la nuit
J'entends un bruit!*

1. _____ va là?
2. _____ entre?
3. _____ monte?
4. _____ pousse la porte?
5. _____ tombe?

Pauvre de moi!* C'est un fantôme!*

Exercice 7   Qui est-ce qu'on aime?
Posez une question avec *Qui est-ce que.*

1. Philippe aime Monique.
2. Monique aime Louis.
3. Louis aime Claire.
4. Claire aime Georges.
5. Georges aime Chantal.
6. Et Chantal aime Philippe!

Exercice 8   Une interview
Des Américaines sont à Paris pour voir les grandes collections. Demandez

qui elles attendent.
Qui attendez-vous?

1. qui elles admirent.
2. qui elles préfèrent.
3. qui elles aiment.
4. qui elles détestent.

*****bruit**   *noise*   *****pauvre de moi!**   *poor me!*   *****fantôme**   *ghost*

Exercice 9   Une conversation

Écrivez une conversation entre Agnès et Jeannette. Suivez le modèle.

Jeannette demande à Agnès avec qui elle va à la fête.
Jeannette: Avec qui est-ce que tu vas à la fête?

1. Jeannette demande à Agnès avec qui elle va à la fête.
2. Agnès répond qu'elle va avec Éric.
3. Jeannette demande à Agnès chez qui elle va passer le week-end.
4. Agnès répond qu'elle va passer le week-end chez Isabelle.
5. Jeannette demande à Agnès avec qui elle va danser.
6. Agnès répond qu'elle va danser avec tous les garçons.
7. Jeannette demande à Agnès pour qui elle va acheter un cadeau (*gift*).
8. Agnès répond qu'elle va acheter un cadeau pour Gabrielle.

Exercice 10   Une curieuse

Récrivez les questions de Jeannette. Employez l'inversion.
Avec qui est-ce que tu vas à la fête?
Avec qui vas-tu à la fête?

Prononciation   Les sons /ɛ̃/ et /in/

/ɛ̃/	/in/
cousin	cousine
voisin	voisine
copain	copine
Alain	Aline
dessin	dessine
féminin	féminine
fin	fine
masculin	masculine

Pratique et dictée

Mes cousins sont dans la cuisine et mes cousines sont dans la piscine.
Alain est mon voisin et Aline est ma voisine.
Qui dessine ces jolis dessins?
La mode féminine est plus élégante que la mode masculine.

Expressions utiles

There is a popular way of expressing the idea *very:*

  C'est vachement chouette!
  Il fait vachement beau!

There is a useful expression that is the equivalent of the English *That's all right!*

  Ça ne fait rien!

Conversation

Les mini-jupes sont à la mode.

(Angélique et Sophie sont dans la chambre° de Sophie. Elles parlent de la boum (fête) de samedi soir.)

Angélique	Qu'est-ce que tu vas porter samedi soir?
Sophie	*(Elle montre une nouvelle robe.)* Cette robe-ci. Elle est jolie, n'est-ce pas?
Angélique	Ah! Elle est vachement chouette! Mais je vois qu'elle est très courte!
Sophie	Je crois bien!° Les robes longues sont démodées cette saison. Ce sont les mini-jupes qui sont à la mode!
Angélique	Mais je suis fauchée, moi! Où est-ce que je peux trouver une mini-jupe à bon marché?
Sophie	Va au Marché aux Puces.° Là tu...
Gaston	*(le frère de Sophie)* Mini-jupe? Qui veut une mini-jupe? Moi, j'ai une solution rapide! *(Il sort une paire de ciseaux!)*

Exercice 1 Complétez.

1. Angélique et Sophie sont _____ .
2. Elles parlent de _____ .
3. Sophie montre une _____ .
4. Angélique voit que la robe _____ .
5. Sophie explique que les robes longues _____ .
6. Ce sont les mini-jupes qui _____ .

Exercice 2 Répondez.

1. Qui est fauché?
2. Qu'est-ce qu'Angélique veut?
3. Quel marché est-ce que Sophie suggère?
4. Qui est Gaston?
5. Qu'est-ce qu'il a?
6. Que sort-il?

°**chambre** *bedroom*   °**je crois bien!** *I should say so!*   °**le Marché aux Puces** *the Flea Market*

237

ℓecture culturelle

La mode

La mode féminine change avec les saisons. Ça veut dire qu'on abandonne tous les vieux vêtements chaque saison?

Voici la réaction de deux jeunes Parisiennes. Parisiennes parce que, après tout, le centre de la mode féminine, c'est Paris, n'est-ce pas?

Givenchy, Cardin, Dior, Yves Saint-Laurent! Pour Sophie ce sont des noms connus,• des noms de la haute couture. Ce sont les grands couturiers qui dictent• la mode.

Bien entendu, Sophie n'assiste jamais au défilé de mannequins pour les nouvelles collections. Après tout elle n'est pas princesse! Mais Sophie aime lire• *Elle* et *Jours de France* pour voir quels styles et quelles couleurs sont à la mode, si la robe va être longue ou courte, si la mini-jupe va être acceptée, si on porte un châle, un chapeau, des gants.

•**connus** *well-known*   •**dictent** *dictate*   •**lire** *to read*

Est-ce que Sophie fréquente les maisons de couture? Jamais! Elle achète ses vêtements prêt-à-porter• dans les grands magasins. Mais quelquefois• elle a de la chance. Au Marché aux Puces ou au Marché du Village Suisse elle trouve une «petite robe» ou un accessoire avec la griffe célèbre d'un grand couturier. Quelle joie!•

Pour Diane, tout au contraire, la mode ne signifie rien! Elle est complètement satisfaite de ses blue-jeans, ses blousons d'aviateur et ses sweatshirts. Elle veut des vêtements sportifs,• confortables. Le chic et l'élégance ne sont pas pour elle. Vous croyez que Diane porte l'uniforme des jeunes, n'est-ce pas? Ça ne fait rien! Elle peut toujours personnaliser ses vêtements avec une ceinture originale ou avec des boucles d'oreille folkloriques.

Mais, dites donc, où achète-t-elle ses vêtements?

Dans une boutique unisexe du quartier Latin, naturellement!

•**prêt-à-porter** *ready-to-wear*   •**quelquefois** *sometimes*   •**joie** *joy*   •**sportif** *sporty*

Exercice 1 Choisissez.

1. La mode change _____ .
   a. tous les jours
   b. avec les saisons
   c. avec les heures

2. Nous voyons la réaction de deux Parisiennes parce que _____ .
   a. Paris est une vieille ville
   b. Paris est la ville des jeunes
   c. Paris est le centre de la mode féminine

3. Givenchy, Cardin, Dior et Yves Saint-Laurent sont _____ .
   a. quatre grands couturiers
   b. quatre amis de Sophie
   c. quatre célèbres dictateurs

Exercice 2 Corrigez.

1. Sophie assiste toujours au défilé de mannequins.
2. Sophie est princesse.
3. Elle aime lire *L'Express* at *Le Figaro*.
4. Elle veut voir quels restaurants sont à la mode.
5. Sophie fréquente toujours les maisons de couture.
6. Elle achète des vêtements de haute couture.
7. Elle ne trouve rien au Marché aux Puces.
8. Sophie ne porte jamais la griffe célèbre d'un grand couturier.

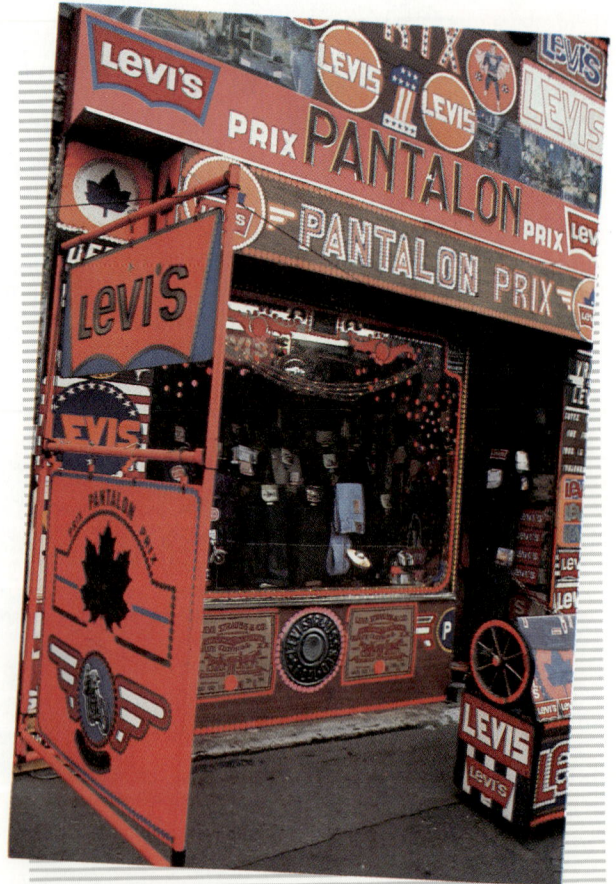

Exercice 3 Répondez.

1. Que signifie la mode pour Diane?
2. De quoi est-elle complètement satisfaite?
3. Quelle sorte de vêtements veut-elle?
4. Est-ce que le chic et l'élégance sont pour elle?
5. Quel uniforme est-ce que Diane porte?
6. Avec quoi peut-elle personnaliser ses vêtements?
7. Où est-ce que Diane achète ses vêtements?

Activités

1 Une interview

- Est-ce que la mode est importante pour vous?
- Achetez-vous beaucoup de vêtements?
- Dépensez-vous beaucoup d'argent pour vos vêtements?
- Achetez-vous vos vêtements dans les grands magasins ou dans les boutiques élégantes? Et les accessoires?
- Fréquentez-vous le marché aux puces près de chez vous? Qu'est-ce que vous achetez?
- Portez-vous des vêtements ou des accessoires avec la griffe d'un grand couturier?
- Préférez-vous porter l'uniforme des jeunes?

2 Il y a d'autres grands couturiers. Nommez-les. Voyez-vous souvent leurs griffes? Où ça?

3 Dans un journal ou une revue cherchez des annonces des grands couturiers. Apportez ces annonces en classe.

galerie vivante

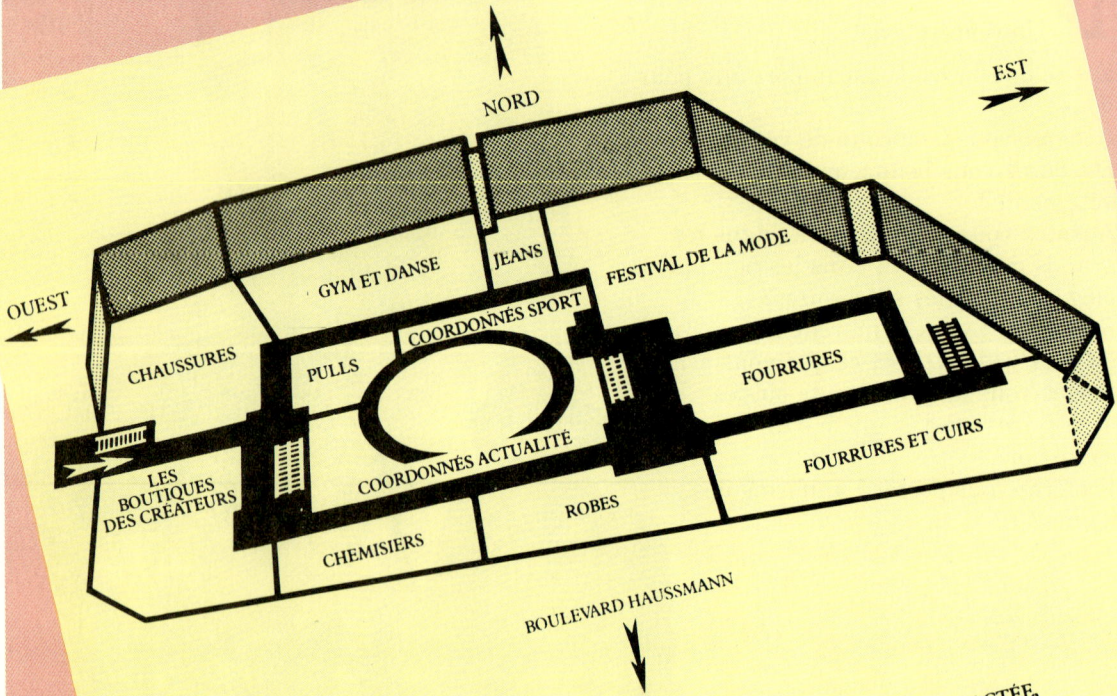

NORD

EST

OUEST

GYM ET DANSE

JEANS

FESTIVAL DE LA MODE

COORDONNÉS SPORT

CHAUSSURES

PULLS

FOURRURES

COORDONNÉS ACTUALITÉ

LES BOUTIQUES DES CRÉATEURS

FOURRURES ET CUIRS

CHEMISIERS

ROBES

BOULEVARD HAUSSMANN

C'EST L'ÉTAGE DE LA MODE ADAPTÉE À LA VIE ACTIVE D'AUJOURD'HUI : DÉCONTRACTÉE, CONFORTABLE, JEUNE, DRÔLE, ACTUELLE, PRATIQUE. JEAN'S, SPORTSWEAR, TENUES DE VILLE, TENUES DE TRAVAIL, GYM ET DANSE, COORDONNÉS, TOUTES VOS TENUES COURANTES, L'ACTUALITÉ DU VÊTEMENT AVEC SES COUPS DE CŒUR, SES CERTITUDES ET LES TENUES "CHOC" DES CRÉATEURS D'AVANT-GARDE.

En France il y a beaucoup de boutiques élégantes et chics. Qu'est-ce qu'elles sont belles!

La boutique de Dior

La boutique de Guerlain

Révision

Je suis fauché!

André	Moi, j'ai faim! Et toi?
Maxine	Oui, moi aussi. Tu veux aller dans ce petit café?
André	Bonne idée! Il est moins cher que le snack-bar.
Maxine	On prend un sandwich?
André	Moi non! J'ai juste assez pour un coca.
Maxine	C'est tout? Toi qui as toujours un bon appétit?
André	J'ai un bon appétit, oui, mais j'ai aussi de nouvelles chaussures. C'est pour ça que je suis fauché!

Exercice 1   Le pauvre André!
Répondez en forme de paragraphe.

Qui a faim?
Qui suggère le petit café?
Est-ce que le petit café est moins cher que le snack-bar?
Qu'est-ce qu'André va prendre?
Pourquoi est-ce que Maxine est surprise?
Pourquoi est-ce qu'André est fauché?

Adjectifs qui précèdent le nom

Adjectives usually *follow* the noun. Some adjectives, however, precede the noun.

bon	**petit**
jeune	**grand**
joli	

Bonne idée!
une jeune fille
un petit café

Three other adjectives which precede the noun are **beau, nouveau,** and **vieux.** Note the irregular forms **bel, nouvel, vieil.**

le beau chapeau	**les beaux chapeaux**
le bel anorak	**les beaux anoraks**
la belle robe	**les belles robes**
le nouveau train	**les nouveaux trains**
le nouvel ascenseur	**les nouveaux ascenseurs**
la nouvelle station	**les nouvelles stations**
le vieux café	**les vieux cafés**
le vieil escalier	**les vieux escaliers**
la vieille chaussure	**les vieilles chaussures**

Remember the liaison in the plural forms before a vowel.

Exercice 2 Un vieil anorak

Complétez avec la forme convenable de *vieux*.

Jean-Paul porte un _____ anorak et une _____ chemise. Il aime surtout les _____ jeans et les _____ tee-shirts. Il porte de _____ chaussures parce qu'il est fauché.

Exercice 3 Un nouvel anorak

Répétez le paragraphe de l'exercice 2 avec les formes convenables de *nouveau*. Substituez *riche* à *fauché*.

Expressions avec *avoir*

Review the following expressions with **avoir.**

> **avoir trois ans**
> **avoir faim**
> **avoir soif**
> **avoir chaud**
> **avoir froid**
> **avoir raison**
> **avoir tort**

J'ai besoin d'argent.	*I need money.*
J'ai besoin d'étudier.	*I need to study.*
J'ai envie d'une pomme.	*I want an apple.*
J'ai envie de danser.	*I want to dance.*

Exercice 4   **J'ai chaud.**
Complétez avec l'expression convenable.

J'aime aller à la plage en été quand j'ai _____ . Mais quand j'ai _____ en hiver, je préfère rester à la maison. J'ai un grand appétit; j'ai toujours _____ . Je prends beaucoup d'eau parce que j'ai toujours _____ aussi. J'adore la bonne cuisine; j'ai _____ de dîner dans un bon restaurant. Mais pour ça j'ai _____ de beaucoup d'argent!

Le comparatif et le superlatif

Comparisons are expressed by

> **plus... que**
> **moins... que**
> **aussi... que**

> **Le prof est plus âgé que les élèves.**
> **Marie est moins sérieuse que Jeanne.**
> **Paul est aussi beau que Gaston.**

Remember the irregular comparative forms of **bon.**

> **Cette boutique est meilleure que ce magasin.**
> **Le poème de Luc est meilleur que mon poème.**

The superlative is formed by placing **le, la,** or **les** before **plus** or **moins.** Remember that *in* or *of* is expressed by **de.**

> **Claire est la fille la plus intelligente de la classe.**

Exercice 5 Mon père est plus heureux que...

Complétez avec un adjectif de votre choix.

sérieux / sérieuse
heureux / heureuse
délicieux / délicieuse
généreux / généreuse
merveilleux / merveilleuse

1. Mon père est $\begin{array}{c}\text{plus}\\\text{moins}\end{array}$ _____ que ma mère.

2. Mais ma mère est $\begin{array}{c}\text{plus}\\\text{moins}\end{array}$ _____ que mon père.

3. C'est mon grand-père qui est le $\begin{array}{c}\text{plus}\\\text{moins}\end{array}$ _____ de toute la famille.

4. Les gâteaux de ma grand-mère sont les $\begin{array}{c}\text{plus}\\\text{moins}\end{array}$ _____ du monde!

Prépositions avec les noms géographiques

To, in, at with the name of a city is expressed with **à.**

à Paris   à Nice

With a continent, a feminine country, or a feminine province, it is **en.**

en Europe   en Italie   en Alsace

With a masculine country, **au/aux** is used.

au Mexique   au Portugal   aux États-Unis

Exercice 6 Michel va en Suisse.

Complétez avec la préposition convenable.

Michel va _____ Suisse en février, mais sa sœur Aline va _____ Canada.
Leurs cousins demeurent _____ Genève et _____ Montréal. Au retour Michel va
_____ Italie et Aline va _____ États-Unis.

Le pronom relatif *qui*

Qui is a pronoun that is used to join two short sentences.

C'est Claire. Claire veut nager.
C'est Claire qui veut nager.

Qui may refer to things as well as persons. Note that **qui** is always the subject of the clause.

Voilà la boutique. La boutique est moderne.
Voilà la boutique qui est moderne.

Exercice 7 Je vois une boutique.
Faites une seule phrase des deux phrases données.

— Je vois une boutique. La boutique est chic.
— Ah! Voilà un blouson! Le blouson est très à la mode.
— Sur le blouson il y a une griffe. La griffe est célèbre.
— C'est décidé! Voilà le blouson! Il va aller bien avec mes jeans.

Verbes irréguliers

Review the following irregular verbs.

croire:	je crois, tu crois, il/elle croit, nous croyons, vous croyez, ils/elles croient
voir:	je vois, tu vois, il/elle voit, nous voyons, vous voyez, ils/elles voient
pouvoir:	je peux, tu peux, il/elle peut, nous pouvons, vous pouvez, ils/elles peuvent
vouloir:	je veux, tu veux, il/elle veut, nous voulons, vous voulez, ils/elles veulent
préférer:	je préfère, tu préfères, il/elle préfère, nous préférons, vous préférez, ils/elles préfèrent

Remember the **y** in the **nous** and **vous** forms of **croire** and **voir.**

The **nous** and **vous** forms of **pouvoir** and **vouloir** have the same stem as the infinitive.

The second accent mark in **préférer** changes in all singular forms and in the third person plural.

Exercice 8   Elle préfère cette boutique-là.

Lisez le dialogue.

Louise   Avec qui vas-tu sortir?
Monique   Avec Janine.
Louise   Janine? Pourquoi veut-elle aller dans cette boutique?
Monique   Elle veut acheter une ceinture.
Louise   Mais elle peut trouver une jolie ceinture au Marché aux Puces. Tu ne crois pas?
Monique   Moi, je crois que tu as raison. Mais Janine préfère cette boutique-là. Après tout, c'est elle qui décide!

A. Complétez d'après le dialogue. C'est Janine qui parle.

1. Je vais sortir avec _____ .
2. Je veux _____ .
3. Je ne peux pas _____ .
4. Je préfère _____ .
5. C'est moi qui _____ .

B. Complétez les questions d'après le dialogue.

6. Avec qui _____ ?
7. Où _____ ?
8. Pourquoi _____ ?
9. Qu'est-ce que _____ ?
10. Qui _____ ?

Expressions négatives

Never (**ne... jamais**) and *nothing* (**ne... rien**) function like **ne... pas.**

Elle ne veut jamais sortir.
Ils n'achètent rien.

Exercice 9   Je n'achète jamais...

Répondez avec *jamais* ou *rien*.

1. Achetez-vous quelquefois des bracelets de diamants?
2. Mangez-vous quelquefois un steak de tigre?
3. Portez-vous quelquefois un costume de Superman?
4. Qu'est-ce que vous mangez à minuit?
5. Qu'est-ce qu'on mange dans la classe de maths?
6. Qu'est-ce que vous achetez chez un grand couturier?

qecture culturelle

supplémentaire

Les autobus parisiens

Les autobus parisiens fonctionnent de sept heures à vingt heures trente. Certaines lignes fonctionnent jusqu'à 0 h 30. Chaque autobus porte le numéro de la ligne à l'avant.• À chaque arrêt• il y a un tableau avec le numéro de la ligne et une liste de tous les arrêts de cette ligne. Si votre arrêt est dans la partie rouge, vous payez un ticket. Si vous allez plus loin,• c'est deux tickets.

Si vous achetez un carnet de dix tickets, vous économisez. Et les tickets sont bons dans le métro et dans les autobus.

À l'intérieur de chaque autobus il y a un plan. Quand vous désirez descendre, vous appuyez• sur un bouton. À votre arrêt vous descendez par la porte à l'arrière.•

Exercice   Corrigez.

1. Tous les autobus parisiens fonctionnent jusqu'à vingt heures trente.
2. Chaque autobus porte une liste des arrêts à l'avant.
3. Si votre arrêt est dans la partie rouge, vous payez deux tickets.
4. Les tickets pour les autobus ne sont pas bons dans le métro.
5. Il y a un plan à l'extérieur de l'autobus.
6. À votre arrêt, vous descendez par la porte à l'avant.

•**à l'avant** *in front*   •**arrêt** *bus stop*   •**plus loin** *farther*   •**appuyez** *push*
•**à l'arrière** *in the rear*

250

ℒecture culturelle

supplémentaire

Le quartier Latin

Le quartier Latin est un quartier de Paris situé sur la Rive gauche de la Seine. C'est un vieux quartier avec beaucoup de vieilles rues. C'est ici que l'Université de Paris, la Sorbonne, a commencé en 1253. C'est aujourd'hui un centre universitaire où l'on rencontre des étudiants° de toutes les nations.

Alors naturellement il y a des librairies° et des papeteries.° Il y a aussi beaucoup de restaurants et de cafés bon marché et beaucoup de cinémas, cabarets et petites boutiques. Le «Boul'Mich» (le boulevard Saint-Michel), une des artères° principales, est toujours très animé.°

Vous demandez pourquoi le quartier «Latin»? Tout simplement parce que le latin a été° la langue officielle des étudiants jusqu'en 1789.

Exercice Répondez.

1. Où est situé le quartier Latin?
2. Est-ce un nouveau quartier?
3. Quelle université est dans le quartier Latin?
4. Pourquoi y a-t-il beaucoup de librairies et de papeteries dans le quartier Latin?
5. Quel est le nom populaire du boulevard Saint-Michel?
6. Pourquoi est-ce qu'on nomme ce quartier «Latin»?

°**étudiants** *university students* °**librairies** *book stores* °**papeteries** *stationery stores*
°**artères** *(traffic) arteries* °**animé** *animated, lively* °**a été** *was*

17 Les jeux vidéo

Vocabulaire

une machine à jeux vidéo (un flipper)

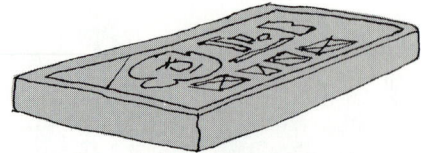

une cassette

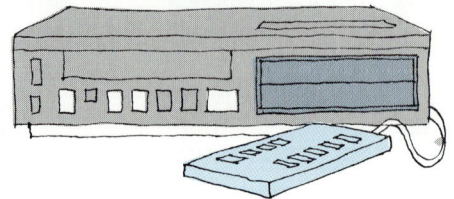

un magnétoscope

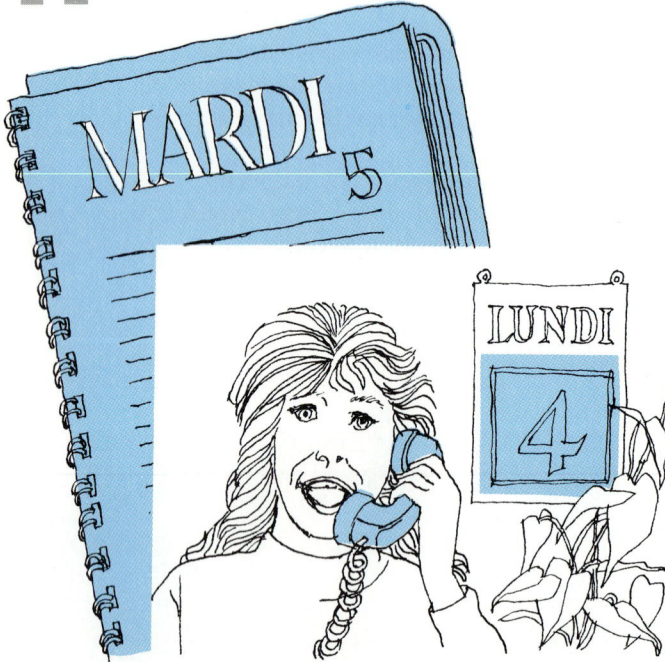

Aujourd'hui, c'est mardi.
Hier, lundi, Marie a **téléphoné** à Claire.
Elle a annoncé une bonne **nouvelle:**
«Papa a acheté une machine à jeux vidéo! Il a acheté beaucoup de cassettes aussi.»

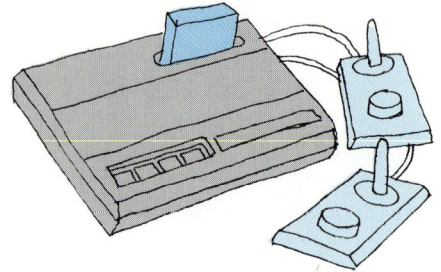

Exercice 1 Un nouveau jeu
Complétez.

1. Aujourd'hui, c'est _____ .
2. Hier _____ a téléphoné à _____ .
3. Elle a annoncé une _____ _____ .
4. «Papa a acheté une _____ à jeux vidéo.»
5. «Il a acheté beaucoup de _____ aussi.»

Exercice 2 Personnellement
Répondez.

1. Avez-vous une machine à jeux vidéo?
2. Combien de cassettes avez-vous?
3. Aimez-vous les jeux vidéo?
4. Chez qui jouez-vous?
5. Quel est votre jeu favori?
6. Jouez-vous contre (*against*) la machine ou contre un(e) ami(e)?
7. Qui gagne le plus souvent?

Structure

Révision du verbe *avoir*

Infinitive	avoir
Present tense	j'ai
	tu as
	il/elle a
	nous avons
	vous avez
	ils/elles ont

Exercice 1 Allons au café!
Répondez.

1. Tu as soif?
2. Les amis ont soif aussi?
3. Ta sœur a soif?
4. Marie et moi, nous avons faim, n'est-ce pas?
5. Moi, j'ai toujours faim, n'est-ce pas?
6. Nous avons tous faim?
7. On va au café alors?

Le passé composé des verbes en *-er*

The **passé composé** is used to describe actions completed in the past. It is made up of the present of **avoir** and the past participle of the verb.

The past participle of **-er** verbs is formed by dropping the **-er** and adding **-é.**

téléphoner	**téléphoné**
annoncer	**annoncé**
parler	**parlé**

Infinitive	parler
Passé composé	j'ai parlé
	tu as parlé
	il/elle a parlé
	nous avons parlé
	vous avez parlé
	ils/elles ont parlé

The **passé composé** has three English equivalents:

J'ai parlé.   *I spoke. / I have spoken. / I did speak.*

Exercice 2   On a joué de la guitare.
Suivez le modèle.

J'ai une guitare.
J'ai joué de la guitare.

1. J'ai une guitare.
2. Nous avons une guitare.
3. Les amis ont une guitare.
4. Vous avez une guitare.

5. Toi, tu as une guitare.
6. Nathalie a une guitare.
7. Tout le monde a une guitare!

Exercice 3   Qu'est-ce que Chantal va faire?
Suivez le modèle.

Tu vas téléphoner à Denise?
Mais non! J'ai téléphoné à Denise hier.

1. Tu vas acheter des disques?
2. Tu vas étudier tes leçons?
3. Tu vas écouter les cassettes?

4. Tu vas dépenser ton argent?
5. Tu vas parler au professeur?

Exercice 4   Est-ce que Luc a travaillé?
Suivez le modèle.

jouer de la guitare
Luc a joué de la guitare.

1. chanter
2. parler au téléphone
3. regarder la télé

4. écouter des disques
5. jouer au Scrabble

Exercice 5   On a changé!
Suivez le modèle.

Je ne mange pas de frites!
Mais hier tu as mangé des frites!

1. Je ne mange pas de frites!
2. Nous ne regardons pas la télé!   (**vous**)
3. Vous et Margot, vous ne chantez pas!
   (**nous**)

4. Antoine ne danse pas!
5. Claire et Anne n'écoutent pas
   la musique pop.
6. Tu ne prépares pas les sandwiches.

Exercice 6   À la boum
Mettez les verbes au passé composé.

Hier soir à la boum Antoine _____ (jouer) du piano et Suzanne _____ (chanter). Victor et Françoise _____ (préparer) beaucoup de sandwiches, et moi, j' _____ (préparer) des pizzas. Ensuite, Luc et moi, nous _____ (danser). Toi, tu _____ (danser) avec Philippe, n'est-ce pas? À dix heures on _____ (manger) les sandwiches et les pizzas. Ensuite on _____ (jouer) des disques et on _____ (danser) jusqu'à minuit.

Le passé composé au négatif

To form the negative of the **passé composé, n'** is placed before the form of **avoir** and **pas** is placed after it.

Tu as parlé.	**Tu n'as pas parlé.**
Marie a téléphoné.	**Marie n'a pas téléphoné.**
Les amis ont chanté.	**Les amis n'ont pas chanté.**

Exercice 7 Pauvre Albert!
Suivez le modèle.

Claire a invité Albert?
Non, Claire n'a pas invité Albert.

1. Georges a invité Albert?
2. Tu as invité Albert?
3. Les Martin ont invité Albert?
4. Vous avez invité Albert? **(nous)**
5. Blanche et Irène ont invité Albert?
6. J'ai invité Albert?

Exercice 8 Pendant les vacances
Répondez à l'affirmatif ou au négatif.

1. Vous avez voyagé pendant les vacances?
2. Vous avez assisté au défilé le 4 juillet?
3. Vous avez téléphoné à vos grands-parents?
4. Vous avez étudié le français?
5. Vous avez fêté votre anniversaire?
6. Vous avez traversé l'océan Atlantique?
7. Vous avez dansé chaque week-end?
8. Vous avez joué au tennis?
9. Vous avez acheté beaucoup de vêtements?
10. Vous avez travaillé dans un magasin?

Le passé composé à l'interrogatif

Questions in the **passé composé** can be formed in three ways.
1. By inverting the subject pronoun and the verb **avoir:**

Vous avez admiré la plage.	**Avez-vous admiré la plage?**
Elle a étudié.	**A-t-elle étudié?**

Note that this construction is normally not used with **je.**

2. By using **est-ce que:**

J'ai invité tous les amis.	**Est-ce que j'ai invité tous les amis?**

3. By intonation:

Tu as joué au tennis.	**Tu as joué au tennis?↗**

255

Exercice 9   En juillet oui, mais en janvier?
Formez des questions. Suivez le modèle.

J'ai nagé en juillet.
Mais as-tu nagé en janvier?

1. J'ai joué au tennis en juillet.
2. J'ai visité le Pôle Nord en juillet.
3. J'ai mangé des pêches en juillet.

4. J'ai acheté un bikini en juillet.
5. J'ai dansé sur la plage en juillet.

Note

The verb **jouer** may be used with **à** or **de.**
With a game or a sport, **à** plus **le, la, les** must be used.

Ils jouent au Monopoly.
Nous avons joué aux échecs (*chess*).
Mon frère joue au basket(ball).
Avez-vous joué au football?

With a musical instrument, **de** plus **le, la, les** must be used.

Julie joue de la trompette.
Mon père a joué du saxophone.

Exercice 10   Sports, jeux et instruments
Suivez le modèle.

La guitare? Danielle?
Mais oui, elle joue de la guitare.

1. La trompette? Gérard?

2. Le basket? Michel?

3. La guitare? Tes cousins?

5. Le volley? Toi?

4. Le Scrabble? Françoise?

6. Le football? Philippe?

Le verbe *savoir*

The verb **savoir** (*to know*) is irregular. It is used in every sense of *to know* except *to know a person or a place.*

Infinitive	savoir
Present tense	je sais
	tu sais
	il/elle sait
	nous savons
	vous savez
	ils/elles savent

Elle est là, tu sais.
Vous savez la leçon, n'est-ce pas?
Sais-tu si Pierre joue au bridge?
Nous ne savons pas où il travaille.

When **savoir** is followed by an infinitive, it means *to know how.*

Savez-vous jouer du piano?

Exercice 11 Nous savons beaucoup!
Complétez avec *savoir*.

Mon copain Marcel et moi, nous _____ beaucoup. Lui, il _____ bien jouer au foot; moi je _____ jouer au volley. Nous _____ aussi jouer aux échecs. Nos profs _____ que nous travaillons bien. Nos parents _____ que nous sommes intelligents. Et vous, _____-vous que nous sommes deux chic types (*great guys*)?

Exercice 12 Personnellement
Répondez.

1. Savez-vous toujours toutes vos leçons?
2. Savez-vous où habitent vos profs?
3. Votre meilleur(e) ami(e) sait-il (elle) où vous avez passé les vacances?
4. Vos parents et vous, savez-vous parler espagnol?
5. Vos camarades de classe savent-ils chanter *La Marseillaise?*

Prononciation   La lettre *g*

Before the letters **a**, **o**, or **u**, **g** is pronounced /g/, that is, it is pronounced like a hard **g**. It is pronounced like the French letter **j** before **e**, **é**, or **i**.

ga	*go*	*gu*	*ge, gé*	*gi*
garçon	golf	légume	gens	Gigi
gare	gothique	guitare	général	original
gants	Hugo	guide	âgé	région
magasin	gourmet	blague	manger	religion
regarde	gouverner	longue	garage	énergie

Pratique et dictée

Ce garçon porte des gants quand il mange des légumes.
Dans ce magasin Gigi a acheté une guitare originale.
Les gens de cette région pratiquent une religion étrange.
Sans blague! Hugo est un guide assez âgé qui regarde toujours le garage!

Conversation

Les filles savent tout!

André Tu sais bien, Richard, que nous avons besoin d'un guitariste pour la boum samedi, n'est-ce pas?

Richard Je sais. Est-ce que les violonistes savent jouer aussi de la guitare?

André Je ne sais pas, mais je crois que oui. Pourquoi?

Richard	Je sais que Marcel sait jouer du violon. Sait-il jouer aussi de la guitare?
André	Je ne sais pas. Tu sais son numéro?
Richard	Non, malheureusement je ne sais pas son numéro. Mais voilà les filles là-bas. Je suis sûr qu'elles savent le numéro de Marcel!

Exercice   Corrigez.

1. Richard et André savent qu'on a besoin d'un violoniste pour la boum.
2. Marcel sait jouer du piano.
3. Richard et André savent jouer du violon.
4. Richard sait le numéro de Marcel.
5. Les filles ne savent pas le numéro de Marcel.

Expressions utiles

The following expressions are useful for telephone conversations.

Allô.	*Hello.*
C'est Nathalie.	*This is Nathalie.*
Daniel est là?	*Is Daniel there?*
Ne quitte pas.	*One moment, please.*
(Ne quittez pas.)	*(Don't hang up.)*
Quoi de neuf?	*What's new?*

ℓecture culturelle

Une maison électronique

(C'est samedi matin. Arnaud et sa sœur Monique font des projets pour le soir.)

Arnaud	Tu as téléphoné à Daniel?
Monique	Pas encore!° Mais j'ai parlé avec Colette et elle a accepté. Pourquoi ne téléphones-tu pas à Daniel? Voilà son numéro.

° **Pas encore**   *Not yet*

259

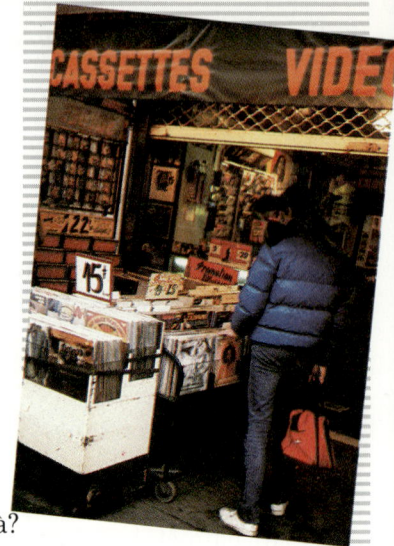

Arnaud	D'accord. *(Il téléphone.)*
Mme Rocher	Allô.
Arnaud	Ah bonjour, madame. C'est Arnaud. Daniel est là?
Mme Rocher	Bonjour, Arnaud. Ne quitte pas. *(À Daniel).* C'est Arnaud à l'appareil.•
Daniel	Ah, tiens!• Allô, mon vieux!• Quoi de neuf?
Arnaud	J'ai une bonne nouvelle. La famille Supplée a acheté un «flipper»• et Georges a invité les amis chez lui ce soir.
Daniel	Georges a une machine à jeux vidéo? Vraiment?
Arnaud	Vraiment! Pendant leurs vacances à New York ses parents ont joué nuit et jour.• Son père adore jouer aux *Envahisseurs de l'espace*• et sa mère adore *Ms. Pac-Man.*
Daniel	Quelle console de projection ont-ils?
Arnaud	Je crois que c'est une Philips. Ils ont acheté aussi beaucoup de cassettes—tous les nouveaux jeux.
Daniel	Ça a coûté un argent fou,• n'est-ce pas?
Arnaud	Sans doute! Mais les Supplée sont assez riches. Tu sais, n'est-ce pas, que pour Noël ils ont acheté un magnétoscope?
Daniel	Sans blague! Mais c'est une maison électronique! Georges est membre d'un vidéoclub?
Arnaud	Bien sûr! Il a un tas• de catalogues de vidéocassettes. Hier soir nous avons regardé *Le retour du Jedi* pour la sixième fois!•
Daniel	Formidable!
Arnaud	Alors tu veux jouer au Phénix ce soir? Colette a déjà accepté, tu sais.
Daniel	Dans ce cas,• moi aussi j'accepte.

•**appareil** *apparatus (telephone)*   •**tiens** *well, so*   •**mon vieux** *old buddy, old pal*
•**«flipper»** *slang for video game*   •**nuit et jour** *night and day*   •**Envahisseurs de l'espace**
Space Invaders   •**un argent fou** *a fortune*   •**un tas** *a pile*   •**fois** *time*
•**Dans ce cas** *In that case*

Exercice 1   Répondez.

1. Avec qui est-ce que Monique a parlé?
2. Est-ce que Colette a accepté?
3. À qui est-ce qu'Arnaud téléphone?
4. Avec qui est-ce qu'Arnaud parle d'abord?

Exercice 2   Formez au moins une phrase sur chaque sujet.

1. la bonne nouvelle
2. l'invitation de Georges
3. les vacances de M. et Mme Supplée
4. les achats (*purchases*) de M. et Mme Supplée
5. le vidéoclub
6. *Le Retour du Jedi*
7. la petite amie de Daniel

Activités

1

À quoi jouez-vous?

- De quels instruments de musique jouez-vous?
- De quels instruments de musique avez-vous joué au passé?
- À quels sports jouez-vous?
- À quels jeux jouez-vous?

Les instruments	Les sports	Les jeux
le piano	le base-ball	le Scrabble
le saxophone	le football	le trictrac
le violon	le football-	(backgammon)
la flûte	américain	
l'accordéon	le volley	le Monopoly
l'harmonica	le basket	les échecs
la clarinette	le hockey	les dames
la guitare	le hockey	(checkers)
la trompette	sur glace	les Envahisseurs
	le tennis	de l'espace
	le badminton	le Pac-Man
		le bridge

2

Avec un(e) camarade préparez une conversation au téléphone (au moins 8 lignes). Vous êtes Georges Supplée (ou sa sœur Jeanne-Marie). Vous invitez des amis chez vous pour jouer aux jeux vidéo.

3

Lisez le paragraphe suivant. Ensuite, formez au moins quatre questions sur le paragraphe.

Les jeux vidéo ont commencé au Japon et aux États-Unis. Ils sont déjà très populaires en France. Ce sont surtout les jeunes qui veulent posséder une machine à jeux vidéo. Mais elles ne sont pas bon marché! Heureusement maman et papa aussi adorent ces jeux!

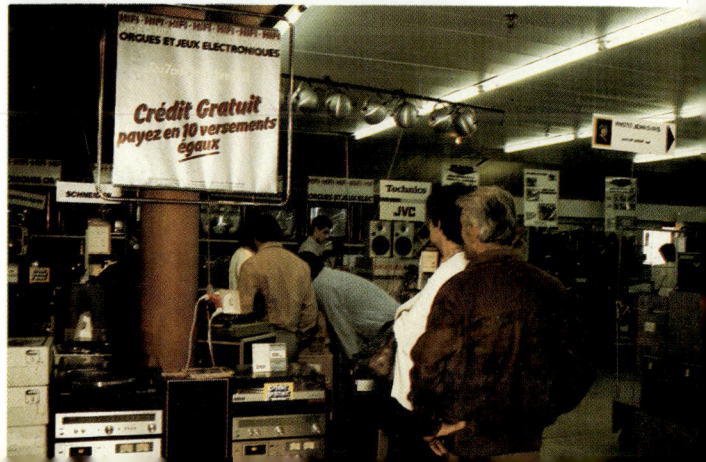

ℊalerie vivante

Les jeunes français aiment aller au cinéma. On joue beaucoup de films américains en France. Voici des films américains. Pouvez-vous deviner leurs titres anglais? Les réponses sont en bas.

1. Les Trois Mousquetaires
2. Les Aventuriers de l'Arche perdu
3. Le Tour du monde en 80 jours
4. Orange mécanique
5. Une Étoile est née
6. Vivre et laisser mourir
7. Les Oiseaux
8. Un Jour aux courses
9. L'Empire contrattaque
10. Les Dents de la mer
11. La Fièvre du samedi soir
12. Autant en emporte le vent
13. Kramer contre Kramer

1. The Three Musketeers   2. Raiders of the Lost Ark
3. Around the World in 80 Days   4. A Clockwork Orange
5. A Star is Born   6. Live and Let Die   7. The Birds
8. A Day at the Races   9. The Empire Strikes Back
10. Jaws   11. Saturday Night Fever   12. Gone With the Wind
13. Kramer versus Kramer

Les Français aiment jouer aux cartes. Les cartes françaises sont un peu différentes des cartes américaines. Voici quelques cartes françaises:

l'as de carreau

le roi de pique

la dame de cœur

À quoi est-ce qu'on joue? Comme aux Etats-Unis, on joue au bridge, au poker, à la canasta, au cribbage. On joue aussi à la belote, qui ressemble un peu au « pinochle ». Et vous, aimez-vous jouer aux cartes? Quels sont vos jeux favoris?

le valet de trèfle

le six de trèfle

le joker

Avez-vous une petite sœur ou un petit frère? Dans votre famille, à quoi jouent les petits enfants? Voici quelques jeux qui sont populaires parmi les petits enfants en France et aux États-Unis. Pouvez-vous deviner leurs noms anglais?

1. On joue à **la marelle**.
2. On **saute à la corde**.
3. On joue **aux billes**.
4. On joue **au chat**.
5. On **lance un cerf-volant**.
6. On joue **à cache-cache**.

a. **tag**
b. **kite flying**
c. **hopscotch**
d. **hide-and-seek**
e. **marbles**
f. **jump rope**

18 Une famille d'ouvriers

Monsieur et Madame Langevin

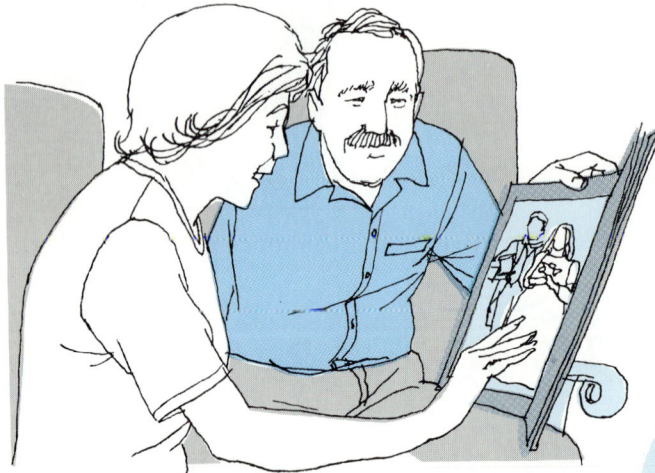

la femme   **le mari**

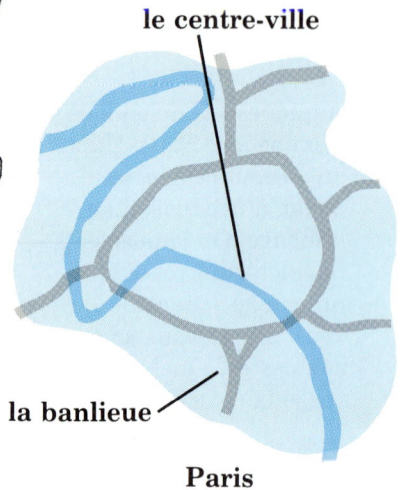

le centre-ville

la banlieue

Paris

Mme Langevin a **coupé** des **pommes**
  et des **oranges.**
Elle a **rempli le bol** de fruits.

Elle a déjà **servi** le dîner.
Elle a servi **un pot-au-feu.**
Henri **débarrasse** la table.

264

Après le dîner

Ginette **met les assiettes** dans
  le lave-vaisselle.
Elle **fait la vaisselle**.

Monsieur et Madame Langevin **lisent** le journal.
Henri **écrit**.

Exercice 1 Un soir chez les Langevin
Répondez.

1. Qui est la femme de M. Langevin?
2. Et qui est le mari de Mme Langevin?
3. Est-ce que la famille habite la banlieue?
4. Dans la cuisine, est-ce que Mme Langevin a rempli un bol de pommes et
   d'oranges?
5. A-t-elle déjà servi le dîner?
6. Ce soir, qu'est-ce qu'elle a servi pour le dîner?
7. Après le dîner, qui débarrasse la table?
8. Et qui met les assiettes dans le lave-vaisselle?
9. Qu'est-ce que Ginette fait?
10. Qu'est-ce que M. et Mme. Langevin lisent après le dîner?
11. Qu'est-ce qu'Henri fait?

La table

un couvert

un set

une fourchette

une cuiller

une serviette

un couteau

une assiette

265

une tasse

le vin

un verre

une assiette creuse

une nappe

la crème

le beurre

le poivre

un gâteau

le sel

le sucre

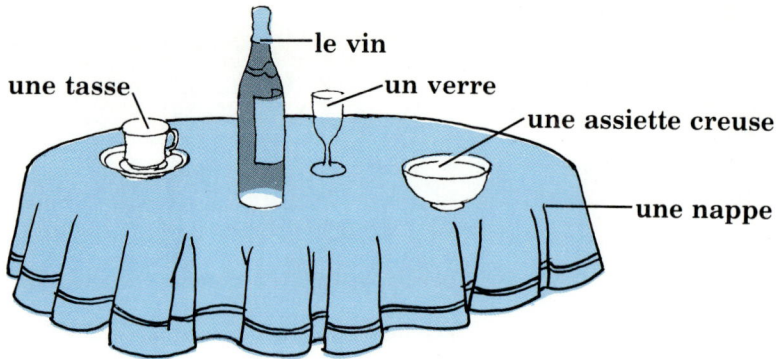

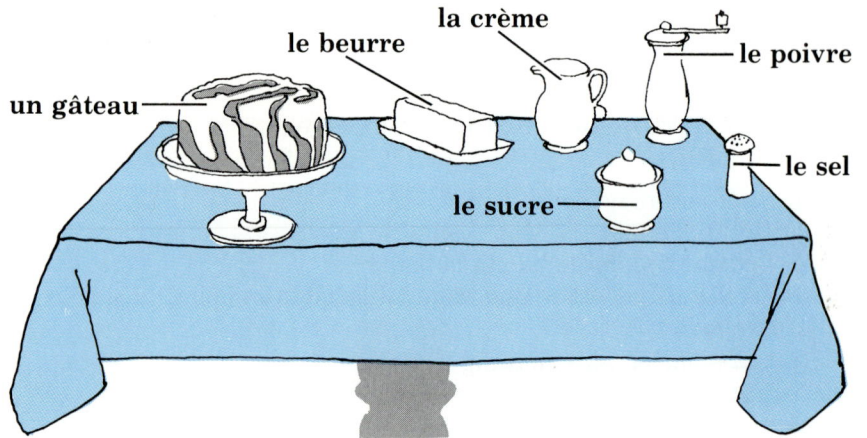

Exercice 2 La table

Répondez d'après le dessin.

1. Combien de couverts voyez-vous?
2. Qu'est-ce qu'on sert dans une assiette creuse?
3. Qu'est-ce qu'on sert dans une tasse?
4. Avec quel ustensile est-ce qu'on coupe la viande?
5. Avec quel ustensile est-ce qu'on prend de la soupe?
6. Est-ce que la serviette est placée à gauche ou à droite des assiettes?
7. Où est placé le couteau?
8. De quelle couleur est le sel?

Exercice 3 Personnellement

Répondez.

1. Est-ce qu'on met une nappe ou des sets sur la table chez vous?
2. Combien de couverts est-ce qu'il y a?
3. De quelle couleur sont les assiettes?
4. Est-ce qu'on sert toujours de la soupe au dîner?
5. Où met-on le sucre et la crème?

266

Structure

Le verbe *mettre*

Mettre (*to put, to place*) is an irregular verb.

Infinitive	**mettre**
Present tense	je mets tu mets il/elle met nous mettons vous mettez ils/elles mettent
Imperative	Mets le sel sur la table! Mettons la table! Mettez le journal là, s'il vous plaît.

Mettre may also mean:

1. *to put on* or *to wear* clothing

    Je mets mon anorak.

2. *to set* the table

    Ma sœur met la table.

3. *to turn on* a radio, a TV set, etc.

    Mettez la télé, s'il vous plaît.

Three other verbs that are conjugated like **mettre** are **promettre** (*to promise*), **permettre** (*to permit*), and **remettre** (*to postpone*).

Exercice 1 Qui met quoi sur la table?

Toute la famille aide Mme Claude à mettre la table.

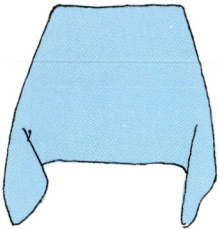

1. Mme Claude
2. M. Claude
3. Annette et Virginie
4. Pierre et Lucien

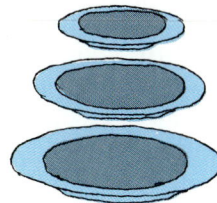

Exercice 2　Personnellement
Répondez.

1. Qui met la table chez vous?
2. Est-ce que votre père met du sucre dans le café?
3. Promettez-vous de faire un gâteau au chocolat pour le dîner?
4. Est-ce que vos grands-parents promettent de dîner avec vous?
5. Après le dîner, à quelle heure mettez-vous d'ordinaire la télé?

Le passé composé des verbes en *-ir*

The past participle of **-ir** verbs ends in **-i.**

> **Papa a rempli les verres.**
> **Maman a servi le dîner.**
> **Avez-vous choisi le dessert?**
> **Elle a fini ses devoirs.**

Here are other useful verbs that end in **-ir.**

> **Marie rougit** (*blushes*) **toujours.**
> **Je vais maigrir** (*lose weight*) **cette semaine.**
> **Elle grossit** (*gains weight*) **en été.**
> **Jean réussit à** (*passes, succeeds in*) **ses examens.**

Exercice 3　Le dîner d'hier soir
Répondez selon l'indication.

1. Qui a servi le dîner?　**Maman**
2. Qui a rempli les verres?　**Papa**
3. Qu'est-ce que Maman a servi pour le dîner?　**un pot-au-feu**
4. Qu'est-ce que tu as choisi comme dessert?　**un gâteau au chocolat**
5. Est-ce que tu as réussi à beaucoup manger?　**bien sûr**
6. À quelle heure avez-vous fini le dîner?　**à vingt heures**
7. Après le dîner, ta sœur et toi, avez-vous fini tous vos devoirs?　**sans problème**
8. Ensuite, quel programme de télévision avez-vous choisi?　**un bon film**
9. Et avez-vous dormi neuf heures?　**Non, huit heures**

Exercice 4　Chez nous hier soir
Complétez au passé composé.

Chez nous hier soir Eugénie a aidé Maman. Elle _____ (choisir) les sets et les assiettes. Elle _____ (remplir) les verres d'eau. Maman et Eugénie _____ (servir) un excellent dîner. Papa _____ (servir) du vin.

Après, Papa a regardé un bon film à la télé, mais Eugénie, Marc et moi, nous _____ (finir) nos devoirs.

À dix heures Maman a réveillé (*woke up*) Papa:
— C'est la fin du film! Tu _____ (dormir) deux heures!
Pauvre Papa, il veut dormir.

La position des adverbes au passé composé

J'ai déjà mangé. *I have already eaten.*

Note the position of **déjà** in the sentence above. Short adverbs such as **déjà, bien, vite** are placed between **avoir** and the past participle in the **passé composé.**

Adverbs of time and place, such as **hier** and **aujourd'hui,** follow the past participle.

> **Il a déjà atterri.**
> **Tu n'as pas bien choisi.**
> **Elle a vite servi le café.**
> **J'ai travaillé hier.**
> **Elles n'ont pas téléphoné aujourd'hui.**

Exercice 5 À table

Répondez.

1. Avez-vous déjà servi le dîner?
2. Avez-vous bien mangé?
3. Avez-vous déjà servi le dessert?
4. Avez-vous débarrassé la table hier?
5. Avez-vous servi du café ce matin?

Les verbes *dire, écrire, lire*

The verbs **dire** (*to say, to tell*), **écrire** (*to write*), and **lire** (*to read*) are irregular.

Infinitive	dire	écrire	lire
Present tense	je dis tu dis il/elle dit nous disons vous dites ils/elles disent	j'écris tu écris il/elle écrit nous écrivons vous écrivez ils/elles écrivent	je lis tu lis il/elle lit nous lisons vous lisez ils/elles lisent
Imperative	Dis! Disons! Dites!	Écris! Écrivons! Écrivez!	Lis! Lisons! Lisez!

Remember that the **s** and **t** in the singular forms are silent.
Note the **s** sound in the plural forms of **dire** and **lire** and **v** sound in **écrire.**
Pay special attention to the **vous** form of **dire: vous dites.**

Exercice 6   **Je lis bien.**

Répétez la conversation.

Lucien   Tu lis en français, Marianne?
Marianne   Mais oui, je lis bien mais j'écris mal.

Exercice 7   **Que dit Marianne?**

Répondez d'après la conversation de l'exercice 1.

1. Est-ce que Marianne lit en français?
2. Est-ce qu'elle lit bien ou mal?
3. Est-ce qu'elle écrit en français?
4. Qu'est-ce qu'elle dit?

Exercice 8   **Personnellement**

Répondez.

1. À qui dites-vous «bonjour» tous les jours?
2. Quel journal lisez-vous?
3. Et vos parents, quel journal est-ce qu'ils lisent?
4. Écrivez-vous souvent à vos cousins (cousines)?
5. Quel livre lisez-vous maintenant?
6. Vous et vos camarades, dites-vous «au revoir» à tous vos profs?
7. Dites-vous toujours «merci»?
8. Est-ce que je dis que le français est intéressant?
9. Est-ce que vos amis écrivent beaucoup de lettres?
10. Est-ce que les poètes écrivent des poèmes?

Exercice 9   **Vous êtes très polis parce que vous dites toujours...** *Tell two friends how polite they are because they say . . .*

1. bonjour
2. s'il vous plaît
3. merci
4. pardon
5. Madame ou Monsieur

Prononciation   Les sons /e/ et /ɛ/

/e/	/ɛ/
ces	cette
mes	mère
tes	terre
chez	cher
clé	clair
chez	achète
des	Adèle
ses	sept

Pratique et dictée

Le père d'Adèle est chez Claire avec ses sept chiens.
Elle met sept verres près de Robert.
Quelle belle fête chez Michel cet après-midi!
Hélas, j'ai les clés, mon cher Gilbert!

Conversation

Cécile cherche·un petit ami.

Cécile Dis donc! Qu'est-ce que tu fais? Tu écris un poème?

Maryse Mais non! J'écris une lettre à mon ami en Italie.

Cécile Tu écris en italien?

Maryse Bien sûr que non!· J'écris en français. Giovanni lit bien le français.

Cécile Tu dis Giovanni. Ton ami est un garçon alors! Euh... Sais-tu s'il a un copain?

Exercice 1 Corrigez.

1. Maryse écrit un poème.
2. Elle écrit à son cousin.
3. Son ami habite en Espagne.
4. Maryse écrit en italien.
5. Franco est le nom de son ami.
6. Giovanni ne lit pas le français.
7. Cécile veut savoir si Giovanni a une sœur.

Exercice 2 Complétez.

Cécile ne _____ pas ce que fait Maryse. Elle demande si elle _____ un
_____ . Maryse répond que non, qu'elle _____ une _____ à son ami en _____ .
Cécile demande si elle _____ en italien. Maryse _____ (dire) que non, qu'elle
_____ en français parce que Giovanni _____ bien le français.
Quand Cécile apprend que l' _____ de Maryse est un garçon, elle veut _____
s'il a un _____ . Mais pourquoi?

·**chercher** *to look for*   ·**bien sûr que non!** *of course not!*

Une soirée en famille

Voici la famille Louvel. Mme Louvel est guichetière [•] de banque et M. Louvel est un ouvrier [•] chez Renault. Les Louvel ont deux fils, Louis, âgé de quinze ans, et Étienne qui a onze ans. Ils habitent la banlieue de Paris.

Ce soir, comme tous les soirs en semaine, Mme Louvel rentre de la banque et commence à préparer le dîner. Comme elle travaille, elle ne fait pas tout chez elle. Louis et Étienne aident Maman. Louis coupe des pommes pour une macédoine [•] de fruits et Étienne met la table. Il met des sets et quatre couverts sur la table.

M. Louvel rentre à dix-neuf heures. À dix-neuf heures trente le dîner est servi. Qu'est-ce que Mme Louvel a servi ce soir? Elle a servi un dîner typique de la classe moyenne [•] française—un pot-au-feu, de la salade, du fromage et des fruits. M. Louvel a rempli les verres de vin. Il a servi un peu de vin aux enfants aussi mais avec de l'eau minérale. À vingt heures quinze la famille finit le dîner.

Étienne débarrasse la table et Louis fait la vaisselle. Ensuite les enfants font leurs devoirs et Monsieur et Madame Louvel lisent le journal et regardent la télé.

[•] **guichetière** *teller*   [•] **ouvrier** *worker*   [•] **macédoine** *salad (fruit)*   [•] **moyenne** *middle*

Étienne entre dans la salle de séjour. Son professeur de sciences veut trois exemples de la technologie avancée de la France. Étienne veut les opinions de ses parents. Maman suggère le Concorde. Bien sûr! Ce sont les Français et les Anglais qui ont fabriqué* cet avion supersonique.

— Si on parle de la vitesse,* on ne peut pas oublier le TGV, dit Papa. Le train à grande vitesse est le plus rapide du monde et c'est un train français.

Étienne a besoin d'un troisième exemple. Papa dit qu'il peut mentionner les usines* Renault dans le nord de la France. Les usines Renault sont les plus automatisées du monde. On emploie toutes sortes de robots dans la fabrication des autos. Il n'y a pas de doute que la France d'aujourd'hui est un des grands pays industrialisés.

ont fabriqué manufactured   *vitesse* speed   *usines* factories

273

Exercice 1 Choisissez.

1. L'appartement des Louvel est _____ .
   a. au centre de Paris
   b. dans la banlieue de Paris
   c. sur la Rive gauche à Paris

2. Mme Louvel _____ .
   a. ne travaille pas
   b. travaille dans un magasin
   c. travaille dans une banque

3. M. Louvel _____ .
   a. vend des autos
   b. fabrique des autos
   c. achète des autos

4. Louis et Etienne sont _____ .
   a. frères
   b. maris
   c. cousins

Exercice 2 Complétez.

1. Mme Louvel prépare le _____ .
2. Louis coupe des pommes pour une _____ .
3. Étienne _____ la table.
4. M. Louvel rentre à dix-neuf _____ .
5. Mme Louvel a _____ un pot-au-feu.
6. M. Louvel a rempli les _____ de vin.

Exercice 3 Répondez.

1. Qui débarrasse la table?
2. Qui fait la vaisselle?
3. Ensuite, que font les garçons?
4. Qui lit le journal?
5. Que veut le professeur de sciences?
6. Quel est le nom de l'avion supersonique?
7. Qu'est-ce que c'est que le TGV?
8. Quelles usines sont les plus automatisées du monde?
9. Qu'est-ce qu'on emploie dans la fabrication des autos?

Activités

1 Écrivez un petit paragraphe sur la famille Louvel. (au moins 6 phrases)

2 Finissez la lettre de Maryse à Giovanni.

3 Écrivez une phrase sur chacun des sujets suivants:

1. le Concorde
2. le T.G.V.
3. les robots Renault

Cher Giovanni,
Comment ça va? Est-ce que tes vacances ont déjà commencé?
Tout va bien ici. Nos vacances commencent bientôt et je _____
_____
J'ai une amie Cécile qui est _____
_____
Bien à toi,
Maryse

galerie vivante

Un des pays les plus industrialisés, la France fait des progrès remarquables dans le domaine de la technologie.

Voici des ouvriers dans une usine moderne de Renault.

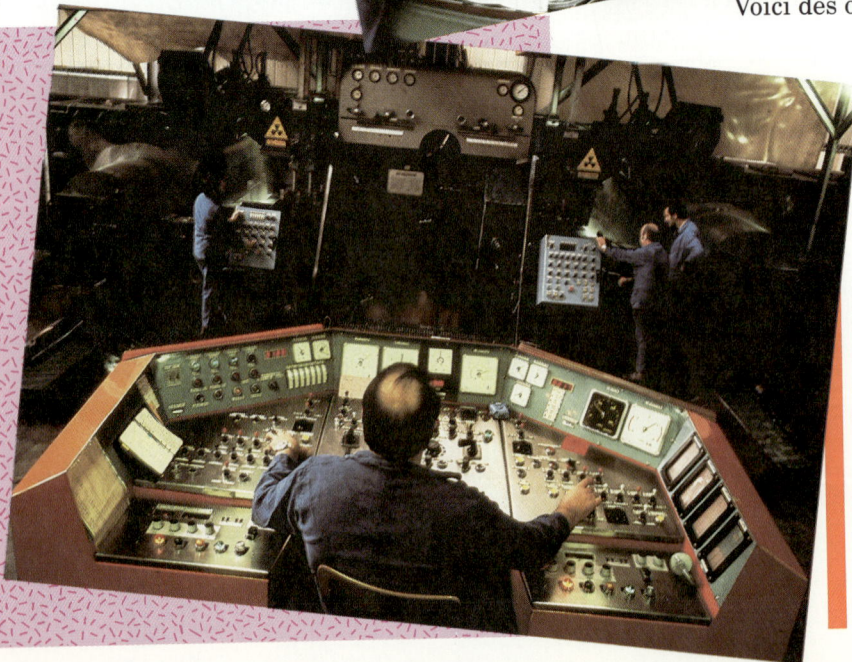

Ici des ouvriers de l'usine Peugeot contrôlent les robots qui aident beaucoup dans la fabrication des autos.

L'industrie automobile est centralisée dans la banlieue de Paris. Où l'industrie automobile américaine est-elle centralisée?

Le Concorde est un avion franco-britannique. C'est le seul avion commercial supersonique.

Toulouse est le centre le plus important de l'industrie aéronautique française. C'est à Toulouse qu'on a construit le Concorde. À Toulouse on construit aussi l'Airbus. Avez-vous jamais voyagé en Airbus?

Si Toulouse est le centre de l'industrie aéronautique en France, quelle ville est le centre de l'industrie aéronautique aux États-Unis?

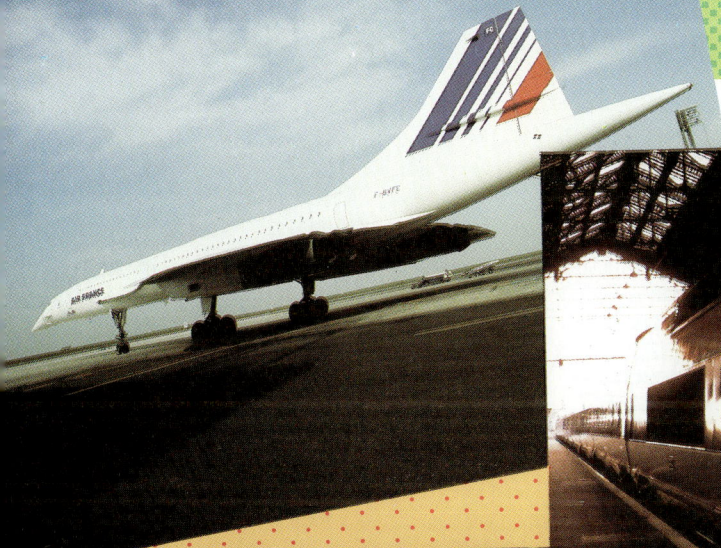

Le TGV (le Train à Grande Vitesse) est le train le plus rapide du monde. Le 26 février 1981 le TGV bat le record mondial de vitesse avec 380 km/h (kilomètres par heure).

Même si le TGV peut circuler à 380 km/h, la vitesse est limitée à 260 km/h.

277

La forme physique

être en bonne santé

être malade

faire de la gymnastique

rester en forme

un sweat suit

des tennis (*m*)

un bandeau

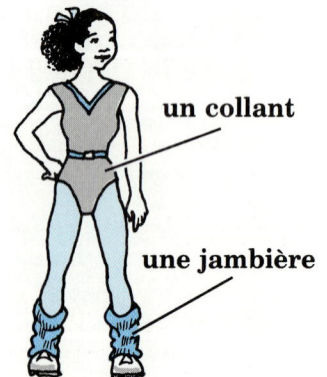

un collant

une jambière

Exercice 1 Jeanne est très sportive.
Répondez.

1. Est-ce que Jeanne est en bonne santé ou est-elle malade?
2. Fait-elle toujours de la gymnastique?
3. Est-ce qu'elle fait de la gymnastique pour rester en forme?
4. Qu'est-ce qu'elle met pour faire de la gymnastique?

Quelquefois Jacques fait **du jogging.**
Hier il a mis ses tennis et un short.

Il a mal aux **jambes.**
Il a beaucoup **couru.**

Exercice 2 Le coureur
Répondez.

1. Est-ce que Jacques fait toujours du jogging?
2. Qu'est-ce qu'il a mis pour faire du jogging?
3. Est-ce qu'il a mal aux jambes?
4. Est-ce qu'il a beaucoup couru hier?
5. Est-ce qu'il a mal aux jambes parce qu'il a trop couru?

Exercice 3 Personnellement
Répondez.

1. Êtes-vous en bonne santé?
2. Que faites-vous pour rester en forme?
3. Faites-vous du jogging?
4. Faites-vous de la gymnastique?
5. Quand avez-vous mal aux jambes?
6. Quand portez-vous un bandeau?
7. Mesdemoiselles, quand portez-vous un collant et des jambières?

Le corps humain

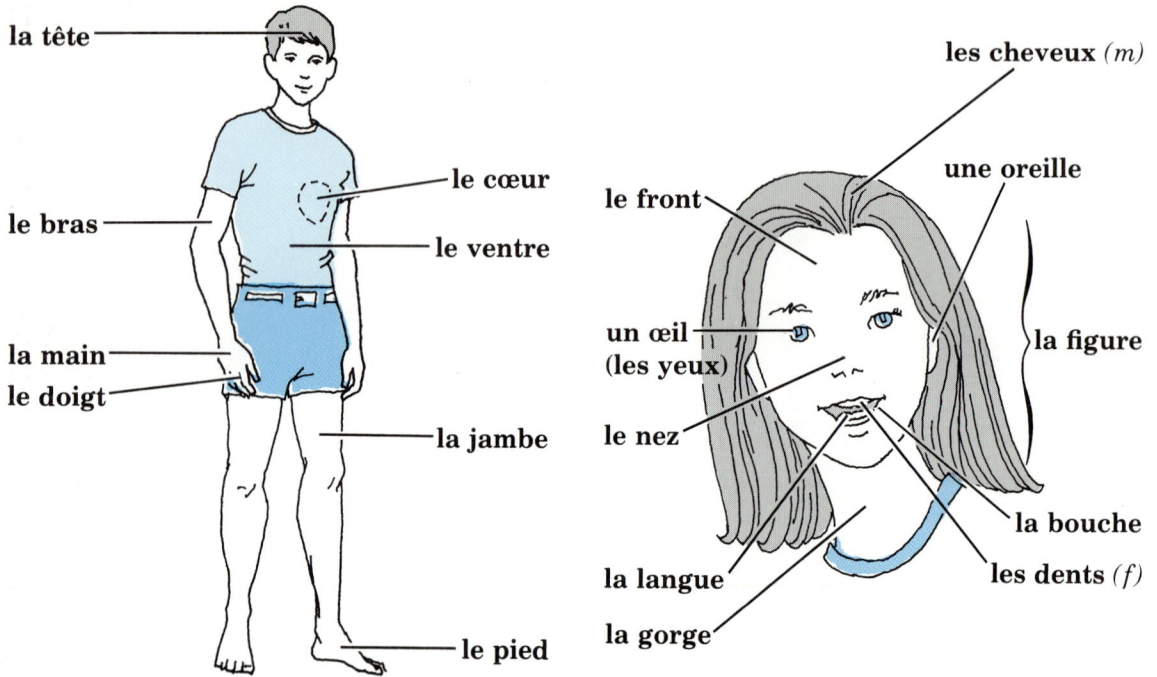

la tête

le cœur

le bras

le ventre

la main

le doigt

la jambe

le pied

les cheveux *(m)*

une oreille

le front

un œil
(les yeux)

la figure

le nez

la bouche

la langue

les dents *(f)*

la gorge

Exercice 4 Le corps humain

Dites avec quelle partie du corps on fait ces choses.

On mange...
On mange avec la bouche et les dents.

1. On parle...
2. On danse...
3. On voit...
4. On joue au football...
5. On nage...
6. On joue de la guitare...
7. On écoute...
8. On chante...

Exercice 5 Personnellement

Répondez.

1. Avez-vous les cheveux bruns, blonds, roux ou gris?
2. Avez-vous les cheveux longs ou courts?
3. De quelle couleur avez-vous les yeux?
4. Avez-vous mal à la gorge quand vous parlez trop?
5. Avez-vous mal à la tête quand vous avez beaucoup de devoirs à faire?
6. Quand avez-vous les yeux plus grands que le ventre?

Structure

Le verbe *venir* au présent

The verb **venir** (*to come*) is irregular in the present tense. Study the following forms.

Infinitive	venir
Present tense	je viens
	tu viens
	il/elle vient
	nous venons
	vous venez
	ils/elles viennent
Imperative	Viens ici!
	Venons!
	Venez vite!

Another verb conjugated like **venir** is **revenir** (*to come back*).

Exercice 1 Qui vient à la boum?
Répondez.

1. Georges vient à la boum ce soir?
2. Il vient avec Marcelle?
3. Liliane vient aussi?
4. Elle vient avec son frère?
5. Ils viennent à moto.
6. Tu viens à la boum aussi?
7. Tu viens avec un(e) copain (copine)?
8. Vous venez à pied?

Exercice 2 On revient cet après-midi.
Suivez le modèle.

Marie est là?
Non, elle revient cet après-midi.

1. Mon père est là?
2. Les amis sont là?
3. Le professeur est là?
4. Les élèves sont là?
5. Sophie est là?

Le passé composé des verbes en *-re*

The past participle of regular verbs that end in **-re** is formed by dropping the **-re** from the infinitive and adding **-u.**

attend~~re~~   attendu
entend~~re~~   entendu
perd~~re~~   perdu
répond~~re~~   répondu
vend~~re~~   vendu

The *passé composé* of **-re** verbs is formed by using the present tense of the verb **avoir** and the past participle. Study the following.

Infinitive	vendre
Passé composé	j'ai vendu
	tu as vendu
	il/elle a vendu
	nous avons vendu
	vous avez vendu
	ils/elles ont vendu

Exercice 3   Alain est toujours fauché!
Jouez le rôle d'Alain. Suivez le modèle.

Chantal   Pourquoi ne vends-tu pas ta guitare?
Alain   *J'ai déjà vendu ma guitare.*

1. Pourquoi ne vends-tu pas tes disques?
2. Pourquoi ne vends-tu pas ta moto?
3. Pourquoi ne vends-tu pas tes skis?
4. Pourquoi ne vends-tu pas ton transistor?
5. Pourquoi ne vends-tu pas tes patins à glace?

Exercice 4   Thérèse a toujours des projets!
Suivez le modèle.

Thérèse va vendre ses livres?
Elle a déjà vendu ses livres.

1. Thérèse va vendre ses livres?
2. Elle va répondre à cette lettre?
3. Elle va répondre à ses cousins?
4. Elle va attendre ses amis?
5. Elle va attendre longtemps?
6. Elle va perdre patience?
7. Elle va entendre toutes les excuses?

Le passé composé des verbes irréguliers: *-u*

The past participle of some irregular verbs also ends in **-u.**

avoir	**eu**
courir	**couru**
croire	**cru**
lire	**lu**
pouvoir	**pu**
voir	**vu**
vouloir	**voulu**

Exercice 5   Hier aussi
Suivez le modèle.

Georges a soif.
Hier aussi il a eu soif.

1. Georges a soif.
2. Il voit un café.
3. Il lit le menu.

4. Au café il voit un ami.
5. Son ami entend une histoire drôle.
6. Georges croit l'histoire.

Exercice 6   Personnellement
Répondez.

1. Combien de fois avez-vous lu votre livre favori?
2. Avez-vous pu finir vos devoirs hier soir?

3. Avez-vous eu le temps de regarder la télé hier soir?
4. Avez-vous vu un bon film?

Exercice 7   Il a trop fait
Complétez.

Hier j'_____ _____ (courir) avec un ami au bord de la mer. Nous _____ _____ (courir) trois kilomètres. J'_____ _____ (vouloir) courir quatre kilomètres, mais je n'_____ pas _____ (pouvoir). Mon ami Philippe n'est pas en très bonne forme parce qu'il ne fait jamais de gymnastique. Il _____ trop _____ (courir) et il _____ _____ (avoir) mal aux jambes.

Note

Le before the name of a day of the week indicates repeated occurrence. Compare:

> **Lundi il va au théâtre.**
> *(On) Monday he is going to the theater.*

> **Le lundi il va au marché.**
> *On Mondays (every Monday) he goes to the market.*

Exercice 8   Jean-Marc est très sportif.

Que fait Jean-Marc chaque semaine pendant ses vacances? À vous de choisir.

le volley	le football
le judo	le golf
la natation	la gymnastique
le tennis	le ski nautique

mercredi
Le mercredi il fait du volley.

1. mardi
2. lundi et mercredi
3. vendredi
4. jeudi et samedi
5. dimanche

Exercice 9   Personnellement

Répondez.

1. Quel jour n'allez-vous pas au lycée?
2. Aidez-vous votre mère ou votre père à la maison le samedi ou le dimanche?
3. Allez-vous au cinéma le vendredi ou le samedi?
4. Quel jour avez-vous votre leçon de musique (golf, tennis)?

Verbes irréguliers au passé composé: *-is*

Some of the irregular **-re** verbs that you have learned also have an irregular past participle. Study the following:

mettre	**mis**	**prendre**	**pris**
permettre	**permis**	**apprendre**	**appris**
promettre	**promis**	**comprendre**	**compris**
remettre	**remis**		

Exercice 10 Une leçon de ski
Mettez au passé composé.

1. Lisette apprend à faire du ski.
2. Elle met les skis.
3. Le moniteur permet aux élèves de skier sur la piste facile.
4. Tous les élèves comprennent le moniteur.
5. Ils promettent de skier prudemment.

Exercice 11 Personnellement
Répondez.

1. Hier, est-ce que tu as beaucoup appris dans la classe de français?
2. Tu as compris toute la leçon?
3. Est-ce que le prof a posé beaucoup de questions?
4. Tu as entendu toutes les questions?
5. Tu as compris les questions?
6. Tu as répondu aux questions?
7. En classe, est-ce que tous les élèves ont lu une lecture?
8. Vous avez compris la lecture?
9. Vous avez compris tout ce que vous avez lu?
10. Vous avez vu un film français en classe?

Prononciation

La lettre x

/gz/	/ks/	/s/	/z/	muet	
exact	boxe	soixante	deuxième	prix	deux
examen	exprime	Bruxelles	sixième	doux	veux
exemple	taxi	six	dixième	paix	peux
exister	Alexandre	dix		choix	peux
exotique	Luxembourg				mieux
exercice	exposition				
hexagone					

Pratique et dictée

Alexandre fait de la boxe à Bruxelles.
Tu peux prendre un taxi pour aller à l'exposition d'art exotique.
C'est un exemple exact de la paix qui existe au Luxembourg.

Conversation

Christine a maigri

Liliane   Mon Dieu, Christine! Tu as beaucoup maigri!

Christine   Oui, je sais. J'ai perdu trois kilos.

Liliane   Ce n'est pas à cause d'une maladie, j'espère.

Christine   Non, je suis toujours en bonne santé. Je ne suis presque jamais malade.

Liliane   Dis-moi alors. Comment as-tu réussi à perdre trois kilos? Tu sais, moi aussi j'ai besoin de maigrir.

Christine   C'est bien simple. On fait des exercices vigoureux pendant une demi-heure, tous les jours.

Liliane   Zut! Ce n'est pas simple du tout!

Exercice   **Complétez.**

Un jour Liliane rencontre _____ . Elle est très surprise de voir que Christine a beaucoup _____ . Christine dit qu'elle a _____ trois kilos. Liliane demande si ce n'est pas à _____ d'une maladie. Christine répond qu'elle est en bonne _____ . Ensuite Liliane demande comment Christine a _____ à _____ trois kilos. Christine dit qu'elle _____ des exercices vigoureux pendant une _____ , tous les jours. Liliane n'aime pas cette idée du tout.

Lecture culturelle

Dix mille fanas!

Laure	Salut, les amies! Où allez-vous?
Mariel	Au club «fitness» Bonne Santé. Nous avons un cours d'aérobic.°
Laure	Vous portez la tenue° de l'aérobic?
Coralie	C'est ça! Un collant, des jambières et des «tennis».
Laure	Et sur le front un bandeau. Très chic! Mais qu'est-ce que c'est que l'aérobic?
Mariel	C'est une gymnastique sur un rythme de musique rock ou pop. Les exercices sont assez vigoureux.
Laure	Alors pas de jogging avec Walkman aux oreilles?
Coralie	Au contraire! Le mardi et le jeudi nous faisons du jogging. Le mercredi et le samedi nous faisons de l'aérobic.
Laure	Et vous faites aussi de la gymnastique?
Mariel	Quinze minutes tous les matins!
Laure	Mais pourquoi tous ces exercices? Vous n'avez pas grossi!

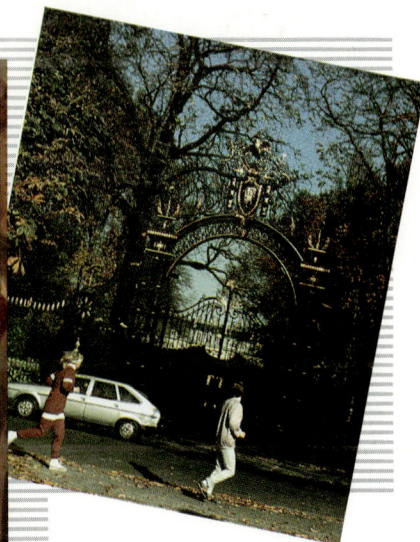

°**aérobic** *aerobic exercises (for cardiovascular improvement)* °**la tenue** *clothes*

Coralie	Oh, ce n'est pas seulement pour maigrir! Nous voulons rester en forme. D'ailleurs, nous voulons courir dans le prochain Marathon de Paris.
Laure	Vraiment? J'ai vu des photos des coureurs du Marathon de Paris— 10 000 fanatiques!

Exercice 1 Répondez.

1. Où vont Mariel et Coralie?
2. Pourquoi vont-elles au club?
3. Quelle tenue portent-elles?
4. Comment est cette tenue?
5. Qu'est-ce que c'est que l'aérobic?

Exercice 2 Corrigez.

1. Coralie et Mariel ont fini de faire du jogging.
2. Elles font du jogging le mercredi.
3. Elles font de l'aérobic le lundi.
4. Elles ne font pas de gymnastique.
5. Elles ont grossi.
6. Elles veulent courir dans le prochain Marathon de New York.

Activités

1 Faites le portrait physique:
(Choisissez deux.)

a. d'un ami ou d'une amie
b. d'un membre de votre famille
c. d'un acteur ou d'une actrice
d. d'un (une) athlète célèbre

2 Charles a perdu quelques kilos.
Qu'est-ce qu'il a fait pour perdre les kilos?

	Oui	Non
1. Il a fait de la gymnastique.	☐	☐
2. Il a mangé beaucoup de gâteaux.	☐	☐
3. Il a beaucoup dormi.	☐	☐
4. Il a beaucoup couru.	☐	☐
5. Il a lu beaucoup de livres de sport.	☐	☐
6. Il a joué au volley.	☐	☐
7. Il a mis des tennis.	☐	☐
8. Il a très peu mangé.	☐	☐
9. Il a pratiqué l'aérobic.	☐	☐

3 Que faites-vous pour rester en
forme? Décrivez en détail votre programme.

4 Décrivez tout ce que vous voyez dans
l'illustration.

galerie vivante

Tout le monde veut être en forme. Au mois d'octobre il y a un grand marathon à Paris. Est-ce que beaucoup de gens participent au marathon?

Remarquez que tous les participants sont des hommes. En France les femmes participent très peu aux sports, surtout aux sports organisés.

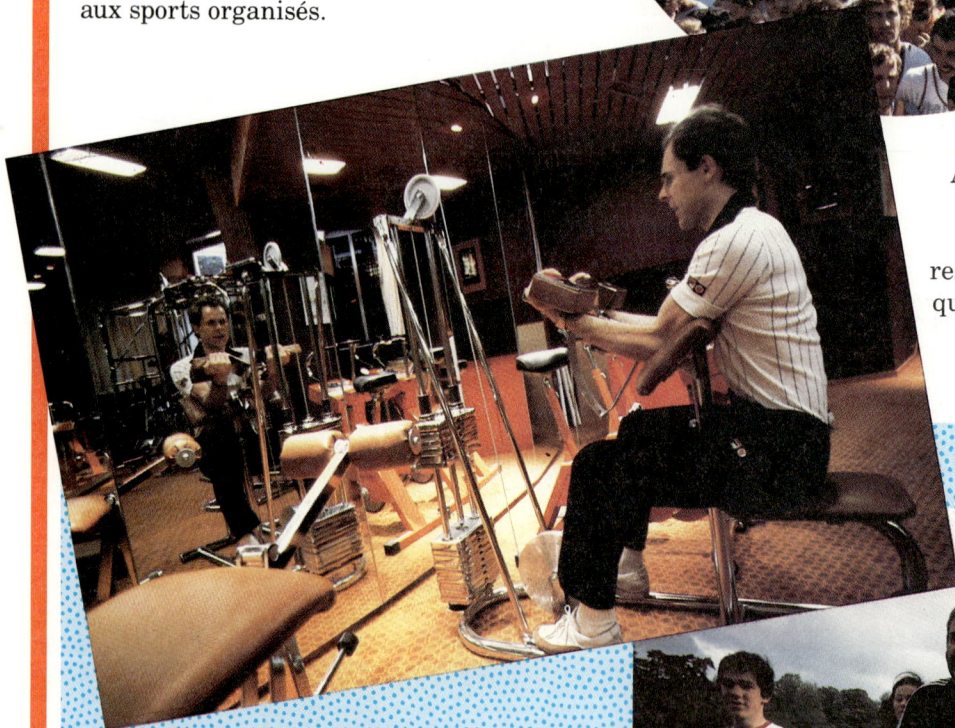

Après son travail, M. Fresneau fait de la gymnastique pour rester en forme. Est-ce que ce type d'exercices est populaire aux États-Unis aussi?

La famille Suchard fait du jogging dans le Bois de Boulogne à Paris. Remarquez que Christian Suchard porte un tee-shirt avec le nom d'une université américaine. Les jeunes Français aiment beaucoup ces tee-shirts.

Les copains font des exercices
d'aérobic. Il y a même des soirées
aérobic pour les jeunes. Faites-
vous des exercices d'aérobic?

Les jeunes et les vieux
participent au cross du
Figaro, un journal français.

20 Les coureurs cyclistes

le stade

le coureur cycliste

le vélo

le pays

la foule

la coupe
le trophée

le gagnant

Le premier **gagne la course.**
Il **reçoit** le trophée.

l'équipe

Exercice 1   Une course cycliste
Répondez.

1. Est-ce que les garçons montent à vélo?
2. Sont-ils dans le stade?
3. Est-ce que chaque équipe représente son pays?
4. Est-ce que c'est une course internationale?
4. Qu'est-ce que le gagnant reçoit?

Exercice 2   Choisissez.

1. Un vélo est _____ .
   a. une bicyclette
   b. une auto
   c. un stade

2. _____ monte à velo.
   a. La bicyclette
   b. Le coureur cycliste
   c. La foule de spectateurs

3. Dans une course internationale, chaque équipe _____ .
   a. gagne un trophée
   b. reçoit la coupe
   c. représente son pays

4. Le gagnant de la course est _____ .
   a. la coupe
   b. le champion
   c. le coureur

5. _____ reçoivent de l'argent.
   a. Les professionnels
   b. Les amateurs
   c. Les spectateurs

6. _____ gagne.
   a. Le premier
   b. Le dernier
   c. Toutes les équipes

7. Le gagnant reçoit _____ .
   a. la foule
   b. une nouvelle bicyclette
   c. la coupe

Exercice 3   Personnellement
Répondez.

1. Avez-vous un vélo?
2. Est-ce qu'il y a un stade dans votre ville?
3. Avez-vous vu une course cycliste?
4. Avez-vous participé à une course cycliste?
5. Avez-vous gagné un trophée?

Structure

Les verbes *boire, devoir, recevoir*

The verbs **boire** (*to drink*), **devoir** (*must, to owe*), and **recevoir** (*to receive*) are irregular in the present tense. Study the following forms.

Infinitive	**boire**	**devoir**	**recevoir**
Present tense	je bois	je dois	je reçois
	tu bois	tu dois	tu reçois
	il/elle boit	il/elle doit	il/elle reçoit
	nous buvons	nous devons	nous recevons
	vous buvez	vous devez	vous recevez
	ils/elles boivent	ils/elles doivent	ils/elles reçoivent
Imperative	Bois de l'eau!		
	Buvons du lait!		
	Buvez lentement!		

The verbs **devoir** and **recevoir** are seldom used in the imperative.

Note that all these verbs have a **v** in the plural forms. Pay attention to the cedilla (**ç**) in the verb **recevoir**. The **ç** must be used before the vowel **o** to maintain the soft /s/ sound.

The verb **devoir** has two meanings:

Je dois écrire une lettre.	*I must write a letter.*
Je dois cinq francs à Jean.	*I owe John five francs.*

Note the **passé composé** of these verbs.

Passé composé	j'ai bu	j'ai dû	j'ai reçu

Exercice 1   Qu'est-ce que tu bois?
Suivez le modèle.

Tu bois du lait?
Oui, je bois du lait.

1. Tu bois de l'eau?
2. Tu bois du coca?
3. Tu bois du chocolat?
4. Tu bois de l'eau minérale?

Exercice 2   Qu'est-ce que vous ne buvez pas?
Suivez le modèle.

Vous buvez du café?
Non, nous ne buvons pas de café.

1. Vous buvez du thé?
2. Vous buvez du vin?
3. Vous buvez du champagne?
4. Vous buvez de la bière?

Exercice 3   Qu'est-ce qu'ils boivent?
Employez *boire*.

Le matin Jacques _____ de l'eau et du lait. Avec les repas il _____ du coca. Quand il a soif, il _____ de l'eau minérale. En hiver il _____ du chocolat chaud.

Les frères de Jacques _____ du lait, mais ils ne _____ pas d'eau. Avec les repas ils _____ du lait. Quand ils ont soif, ils _____ un coca. En hiver ils _____ du thé.

Exercice 4   À la fête
Employez *boire*.

À la fête je _____ du champagne. Et toi, qu'est-ce que tu _____ ? Est-ce que ce garçon _____ plus de champagne que cette fille? Mais oui! Elle ne _____ rien!

Exercice 5   Répétez *À la Fête* au pluriel *(nous)*.

Exercice 6   Répétez *À la Fête* au passé.

Exercice 7   Qu'est-ce qu'on doit faire pour être un bon étudiant?
Suivez le modèle.

Devons-nous venir en classe?
Oui, vous devez venir en classe.

1. Devons-nous faire attention?
2. Devons-nous apprendre les leçons?
3. Devons-nous écouter attentivement?
4. Devons-nous recevoir de bonnes notes (*marks*)?

Exercice 8   On doit courir!
Complétez avec *devoir*.

— Qu'est-ce que nous _____ faire maintenant?
— Vous _____ monter à vélo et vous _____ courir dans la course cycliste. Bien sûr, vous _____ gagner si c'est possible.
— Et moi, qu'est-ce que je _____ faire? Je _____ courir aussi?
— Oui, tu _____ courir aussi, mais d'abord tu _____ payer au club les vingt francs que tu _____ !

Exercice 9 Qu'est-ce qu'ils reçoivent pour leur anniversaire?

Répondez avec *Les filles, Les garçons* ou *Les filles et les garçons reçoivent...*

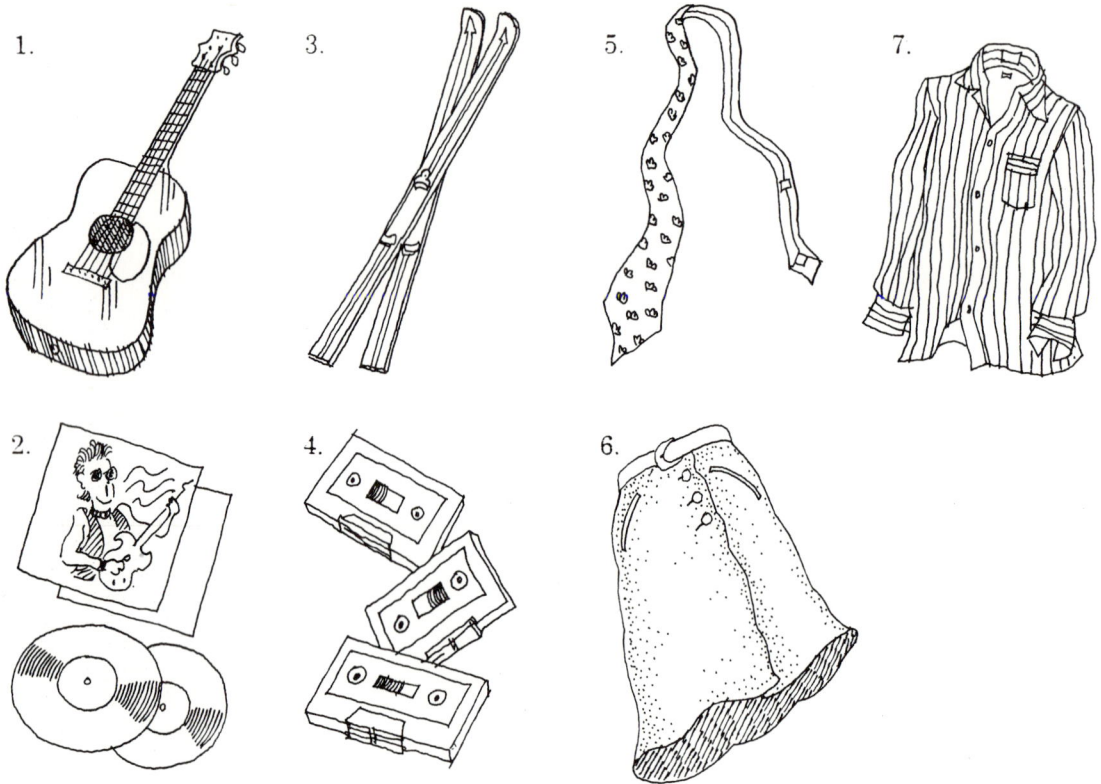

1.

3.

5.

7.

2.

4.

6.

Exercice 10 Les joueurs de football

Complétez avec la forme convenable de *boire, devoir* ou *recevoir*.

Pendant le match de football les joueurs _____ courir et faire des passes. À la fin du match les gagnants _____ le trophée. Ils _____ aussi de l'argent.

Pour célébrer leur victoire, tous les membres de l'équipe vont au restaurant. Ils mangent un steak-frites et ils _____ du champagne. Ils _____ les félicitations (*congratulations*) de tous leurs amis.

Noms et adjectifs en *-al/-aux*

Noms

Certain nouns end in **-al** in the singular. The **-al** changes to **-aux** in the plural.

le général	les généraux
le journal	les journaux
un animal	des animaux
un cheval	des chevaux

Exercice 11   Le cheval a faim.

Lisez le dialogue. Ensuite, répétez le dialogue au pluriel.

— Ah! Le général a un cheval!
— Oui, il adore cet animal.
— Mais le cheval du général mange mon journal!

Adjectifs

Certain adjectives end in **-al** in the masculine singular and in **-aux** in the masculine plural.

le club national	**les clubs nationaux**
un poème original	**des poèmes originaux**

The feminine forms of these adjectives are regular. Add **-e** to form the feminine singular. Add **-es** to form the feminine plural.

une coupe nationale	**des coupes nationales**
la classe originale	**les classes originales**

Here are other adjectives like those above. You should have no problem with their meaning.

international	**municipal**	**spécial**
minéral	**principal**	**tropical**
local	**social**	

Exercice 12   Le parc municipal

Lisez le paragraphe. Ensuite, répétez le paragraphe au pluriel.

C'est un parc municipal. Dans le parc il y a de l'eau minérale spéciale. Cette statue originale vient d'un pays tropical, mais le monument principal est par un artiste local.

Prononciation   Le son /ɲ/

The French sound /ɲ/ is produced when the letters **gn** come together. It is similar to the English sound in *canyon*.

gagner	Espagne
gagnant	Bretagne
Agnès	magnifique
montagne	compagnon
champagne	oignon

Pratique et dictée

Le gagnant boit du champagne sur la montagne.
Agnès écrit que la Bretagne est magnifique.
Nos compagnons d'Espagne aiment les oignons.

Expressions utiles

Following are some expressions that can be used during spectator sports.

Vas-y!	*Go!*	**Quel est le score?**	
Hourrah!		**(C'est) 2 à 1.**	
Bravo!		**Match nul.**	*It's tied.*
Hou!	*Boo!*		

Conversation

Au Stade-Vélodrome

(Au centre du stade il y a un terrain de football. Le match aujourd'hui est spécial. C'est pour la Coupe de France—Nantes contre Strasbourg.)

Simone   Ce stade est énorme! Combien de personnes peut-il contenir?

Caroline   Trente mille. Mais fais attention au match!

Simone   Quel est le score?

Caroline   C'est 2 à 1 en faveur de Nantes. Regarde Bernard! Il a le ballon! Vas-y! Vas-y!

Simone   Quelle jolie passe avec la tête!

Caroline   Magnifique! L'équipe de Nantes a gagné!

Simone   Mon Dieu! Écoute la foule! On bat* des mains! On bat des pieds! Quelle émotion!

Exercice   Répondez.

1. Où sont Simone et Caroline?
2. Pourquoi le match est-il spécial aujourd'hui?
3. Combien de personnes est-ce que le stade peut contenir?
4. Quel est le score en ce moment?
5. Qui prend le ballon?
6. Fait-il la passe avec le pied ou avec la tête?
7. Quelle équipe a gagné?
8. Que fait la foule?

---

* **Battre** is conjugated like *mettre: je bats, tu bats, il/elle bat, nous battons, vous battez, ils/elles battent.*

Lecture culturelle

Le football ou le cyclisme?

Est-ce que les Français sont des sportifs sérieux? D'après les résultats* des Jeux Olympiques la réponse doit être que non. Il est impossible de comparer la France avec les États-Unis et l'U.R.S.S!*

Il est vrai que les sports sont négligés* dans les lycées français. Mais le gouvernement fait des efforts pour encourager les sports. Chaque année il y a de nouveaux stades, terrains de sports et piscines.

Presque tous les sports sont pratiqués en France sauf* le base-ball et le football américain. Mais les deux sports principaux sont le football et le cyclisme.

En France, comme dans beaucoup de pays, c'est le football qui est le sport national. Chaque grande ville a son équipe. Des championnats* nationaux et internationaux sont organisés. La coupe du monde de football passionne* les fanas du monde entier. Chaque nation a envie de gagner la coupe.

---

*cyclisme *cycling (bike racing)*   *résultats *results*   *U.R.S.S. *Union des républiques socialistes soviétiques*   *négligés *neglected*   *sauf *except*   *championnats *championships*   *passionne *excites*

Le pays du cyclisme, c'est la France! Les courses dans les vélodromes attirent[*] toujours une grande foule. Dans les villages, quand il y a une fête, on organise souvent[*] une course de cyclistes amateurs.

Et puis[*] en juillet, c'est le Tour de France, la célèbre course internationale tout autour du[*] pays. Les coureurs professionnels viennent de tous les pays du monde. Le gagnant reçoit beaucoup d'argent et, bien sûr, il devient un héros national!

Exercice 1 Corrigez.

1. Les Français et les Américains sont plus sportifs que les Russes.
2. Les sports sont négligés dans les lycées américains.
3. Le gouvernement ne veut pas encourager les sports en France.
4. Chaque année il y a de nouveaux lycées.

Exercice 2 Répondez.

1. Quels sports ne sont pas pratiqués en France?
2. Nommez les deux grands sports français.
3. Quel est le sport national?
4. Quels championnats sont organisés?
5. Qu'est-ce qui passionne les fanas du monde entier?
6. Quel pays est le pays du cyclisme?
7. Quelles courses attirent une grande foule?
8. Qu'est-ce qu'on organise dans les villages quand il y a une fête?
9. Qu'est-ce que c'est que le Tour de France?
10. D'où viennent les coureurs professionnels?
11. Qui devient un héros national?

---

[*]**attirent** *attract*   [*]**souvent** *often*   [*]**puis** *then*   [*]**autour de** *around*

Activités

1 Décrivez (*Describe*) le stade de votre école. Si votre école n'a pas de stade, décrivez le stade le plus proche:

- Quels jeux est-ce qu'on joue au stade?
- Combien de spectateurs est-ce que le stade contient?
- Combien coûtent les meilleures places?
- Combien de fois allez-vous au stade chaque année?
- Quels sports aimez-vous regarder au stade?

2 Préférez-vous regarder le football américain au stade ou à la télé? Pourquoi?

3 Menez un sondage d'opinion (*Conduct a public opinion poll*) parmi vos camarades de classe sur la question:

- Quel est le meilleur sport: le base-ball ou le football américain?

Additionnez les réponses et calculez les pourcentages. Discutez les résultats du sondage.

4 Décrivez les photos.

301

galerie vivante

Le tennis est plus populaire que jamais en France. Ainsi il y a beaucoup de nouveaux courts de tennis. Aimez-vous jouer au tennis? Est-ce qu'il y a beaucoup de courts où vous habitez?

80 COURTS DE TENNIS AUX PORTES DE PARIS

FOREST HILL AUBERVILLIERS
111, avenue Victor Hugo
93300 Aubervilliers.
18 courts couverts en synthétique souple.
3 courts de squash, salle de gymnastique, sauna, bain tourbillon, club-house, bar, restaurant, salle de projection, boutique, parking privé, vidéo-service.

FOREST HILL LA DÉFENSE
19, avenue de la Liberté
92000 Nanterre.
12 courts couverts en terre battue, 2 courts de squash, salle de gymnastique, 2 sauna, piscine couverte, club-house, bar, bain tourbillon, restaurant, boutique, parking privé, vidéo-service.

FOREST HILL FONTENAY-SOUS-BOIS
Rue Carnot
94120 Fontenay-sous-Bois.
10 courts couverts en green set, club-house, bar, restaurant, boutique, sauna, bain tourbillon, parking privé, vidéo-service.

FOREST HILL MEUDON
40, av. de Lattre-de-Tassigny
92360 Meudon-la-Forêt.
9 courts couverts en moquette, 3 courts extérieurs, éclairés, mur d'entraînement, piscine chauffée, sauna, bain tourbillon, club-house, bar, restaurant, boutique, parking privé, vidéo-service.

PARIS SUD TENNIS FOREST HILL IVRY
Rue Jules Vanzuppe
94200 Ivry.
9 courts couverts en green set, 6 courts de squash, club-house, bar, restaurant, boutique, sauna, parking privé, vidéo-service.

PARIS SUD TENNIS FOREST HILL MONTROUGE
15, rue de la Vanne
92120 Montrouge.
14 courts couverts en green set, 5 courts extérieurs, tous temps, éclairés, mur d'entraînement, club-house, bar, restauration, boutique, parking privé, vidéo-service.

TENNIS [FOR]EST HILL

...[int]éressé par
...HILL Aubervilliers
...HILL Fontenay-sous-Bois
... TENNIS FOREST HILL Ivry
... TENNIS FOREST HILL Porte d'Orléans
... Meudon-la-Forêt
... Défense

□ **Formule club année**
□ Leçons

renseignements et inscriptions :
renvoyez le coupon-réponse ci-dessous a
TENNIS CLUB FOREST HILL
40, av. du Maréchal-de-Lattre-de-Tassigny · 92360 Meudon-la-Forêt

Nom _____
Prénom _____
Profession _____
Société _____
Responsable _____
Adresse _____
Code postal _____
Tél (bur) _____ Ville _____
(dom) _____

Voici Catherine Tanvier, la joueuse numéro un du tennis français. Nommez un champion ou une championne de tennis aux États-Unis.

Voici des cyclistes dans le Tour de France. Ils traversent tout le pays—la campagne et les villes. Est-ce que le cyclisme est très populaire aux États-Unis?

Révision

Vive le gagnant!

En juillet Simon a invité Bernard, son cousin québécois, à Paris. (Bernard n'a jamais vu le Tour de France.) Les deux garçons ont regardé les premières étapes* à la télé. Ils ont choisi leurs cyclistes favoris. Ils ont étudié tous les détails du Tour. Ils ont lu tous les articles dans les journaux et dans les magazines.

Au vélodrome ils ont attendu l'arrivée des cyclistes. Ils ont crié avec la foule. À la fin ils ont félicité le gagnant et ils ont bu du champagne pour célébrer sa victoire.

Exercice 1   Qui a invité Bernard?
Répondez d'après la lecture.

1. Qui a invité Bernard à Paris?
2. Qui n'a jamais vu le Tour de France?
3. Où est-ce que les deux garçons ont regardé les premières étapes?
4. Qui est-ce qu'ils ont choisi?
5. Qu'est-ce qu'ils ont étudié?
6. Qu'est-ce qu'ils ont lu?
7. Où ont-ils crié avec la foule?
8. Qui ont-ils félicité?
9. Qu'est-ce qu'ils ont bu?

Le passé composé

To form the **passé composé** (the conversational past), the verb **avoir** is used with the past participle.

Infinitive	parler	finir	attendre
Past participle	parlé	fini	attendu
Passé composé	j'ai parlé tu as parlé il/elle a parlé nous avons parlé vous avez parlé ils/elles ont parlé	j'ai fini tu as fini il/elle a fini nous avons fini vous avez fini ils/elles ont fini	j'ai attendu tu as attendu il/elle a attendu nous avons attendu vous avez attendu ils/elles ont attendu

Exercice 2   Arlette n'a pas grossi.
Lisez le dialogue et complétez le paragraphe qui suit.

— As-tu grossi, Arlette?
— Au contraire; j'ai maigri. Je fais du jogging avec Robert le lundi, le mercredi et le vendredi.

*étapes   *legs, stages*

— Tu fais aussi de la gymnastique?
— Seulement le samedi.
— Combien as-tu perdu?
— J'ai perdu deux kilos. Maintenant je peux acheter un nouveau bikini!

Arlette n'a pas _____ ; elle _____ . Elle fait _____ le lundi, le mercredi et le vendredi avec Robert. Arlette fait _____ le samedi. Elle _____ deux kilos. Maintenant elle _____ .

Verbes irréguliers au présent

savoir   je sais, tu sais, il/elle sait, nous savons, vous savez, ils/elles savent

mettre   je mets, tu mets, il/elle met, nous mettons, vous mettez, ils/elles mettent

dire   je dis, tu dis, il/elle dit, nous disons, vous dites, ils/elles disent

venir   je viens, tu viens, il/elle vient, nous venons, vous venez, ils/elles viennent

boire   je bois, tu bois, il/elle boit, nous buvons, vous buvez, ils/elles boivent

Écrire et **lire** are like **dire** except for the **vous** form:

> **vous écrivez**
> **vous lisez**

Devoir and **recevoir** are like **boire** except for the **nous** and **vous** forms:

> **nous devons**   **nous recevons**
> **vous devez**   **vous recevez**

Exercice 3   Tu sais jouer au tennis?
Complétez avec la forme convenable du verbe donné.

A. savoir
— Dis donc, tu _____ jouer au tennis?
— Pas très bien, mais je _____ jouer au badminton.
— Ton frère et toi, vous _____ jouer de la guitare, n'est-ce pas?
— Oui, et nous _____ jouer aussi de l'accordéon.
— Chic, alors! Venez à la boum samedi soir!

B. venir
— Qui _____ dîner chez nous ce soir?
— Ce sont tes grands-parents qui _____ célébrer ton anniversaire.
— Ah bon! Mon oncle Thomas _____ aussi?
— Oui, lui aussi, il _____ .

C. mettre
— Maman, je _____ des sets ou la nappe sur la table?
— _____ la nouvelle nappe et les serviettes blanches.
— Nous _____ des fleurs ou des fruits?
— _____ des fleurs pour commencer.

D. boire
— Papa _____ du vin ce soir, n'est-ce pas? Clarisse et moi, nous _____ de l'eau minérale. Et toi, maman, qu'est-ce que tu _____ ?

Lecture culturelle

supplémentaire

La télévision en France

Il y a en France trois chaînes° de télévision; TF1 (Télévision Française 1), A2 (Antenne 2) et FR3 (France Régions 3). Certaines émissions° sont relayées par satellites; il y a aussi la télévision par câble.

Si on habite près des frontières,° il y a d'autres possibilités. Dans le sud on peut voir la télévision de Monaco. Dans l'est c'est la télévision suisse, et dans le nord ce sont les émissions de Belgique et du Luxembourg.

On peut trouver les programmes dans des revues spécialisées comme *Télépoche* et *Télé 7 jours*. Il y a une grande variété—sports, théâtre, musique, jeux, météo, actualités° et, bien sûr, feuilletons°—français *et* américains! Parmi° les programmes américains les plus populaires en ce moment sont *Dallas* et *Starsky et Hutch*. Et puis il y a le classique *Bugs Bunny!*

P.-S. La publicité° n'interrompt pas une émission en France! Il y a dix minutes de publicité entre les émissions.

Exercice 1   Répondez.

1. Combien de chaînes de télévision y a-t-il en France? Nommez-les.
2. Est-ce que la télévision par câble existe en France?
3. Qu'est-ce qu'on peut voir si on habite dans le sud de la France?
4. Qu'est-ce qu'on peut voir si on habite dans l'est?
5. Qu'est-ce qu'on peut voir si on habite dans le nord?
6. Quelles sortes de programmes est-ce qu'on peut voir?

Exercice 2   Personnellement
Répondez.

1. Combien de chaînes de télévision y a-t-il chez vous?
2. Quelle chaîne mettez-vous le plus souvent?
3. Avez-vous la télévision par câble?
4. Quels sports regardez-vous à la télé?
5. Quel est votre feuilleton favori?
6. À votre opinion, est-ce une bonne idée d'avoir dix minutes de publicité entre les émissions?

°**chaînes** *channels*   °**émission** *program*   °**frontières** *borders*   °**actualités** *news*
°**feuilletons** *serials or soap operas*   °**Parmi** *Among*   °**publicité** *commercials*

ℒecture culturelle

Un trapéziste audacieux

Ses parents choisissent pour lui la profession d'avocat.* Mais Jules ne veut pas être avocat! Son père a un gymnase à Paris et Jules est fasciné par la gymnastique. Il aime surtout le trapèze.

C'est lui qui a inventé en 1859 le trapèze volant.* C'est lui qui a inspiré la vieille chanson américaine:

> Oh, he flies through the air with the
>   greatest of ease,
> The daring young man on the flying
>   trapeze!

C'est lui qui a donné son nom au costume que portent aujourd'hui les acrobates et les danseurs. Nous parlons de Jules Léotard! Il est mort* de la variole* à l'âge de trente et un ans.

Exercice   Répondez.

1. Quelle profession est-ce que les parents de Jules choisissent pour lui?
2. Est-ce qu'il est d'accord?
3. Qu'est-ce que le jeune Jules aime surtout?
4. Qu'est-ce qu'il a inventé?
5. Pouvez-vous chanter la chanson qu'il a inspirée?
6. À quoi a-t-il donné son nom?

---

* **avocat** *lawyer*   * **volant** *flying*   * **est mort** *died*   * **variole** *smallpox*

21 Dans un terrain de camping

Vocabulaire

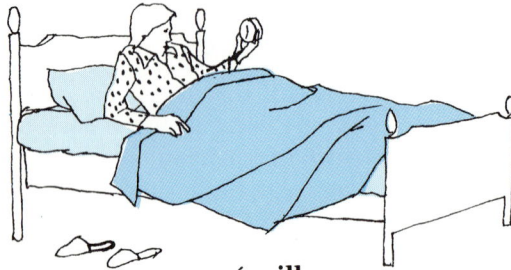

se réveiller

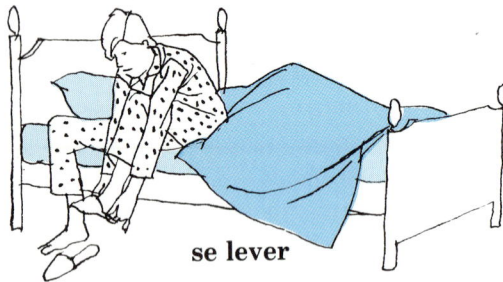

se lever

se laver

se raser

se brosser les dents

s'habiller

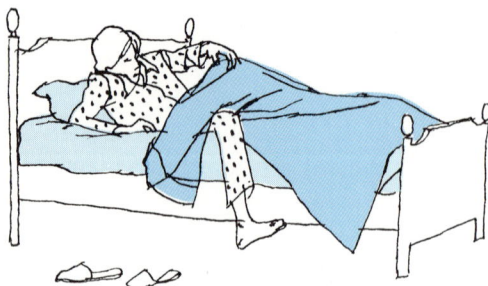

se coucher

s'endormir

Exercice 1 Une journée dans la vie d'Henri
Répondez.

1. Est-ce qu'Henri se réveille à six heures et demie?
2. Est-ce qu'il se lève à sept heures?
3. Quand il se lève, est-ce qu'il se lave?
4. Il se rase aussi?
5. Il se brosse les dents?
6. Il se brosse les cheveux aussi?
7. Ensuite, est-ce qu'il s'habille?
8. À quelle heure est-ce qu'il se couche?
9. Quand il se couche, est-ce qu'il s'endort tout de suite?

Dans un terrain de camping

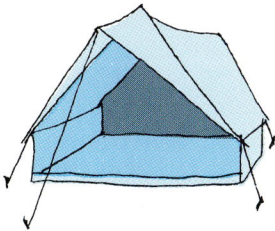

la tente

la caravane

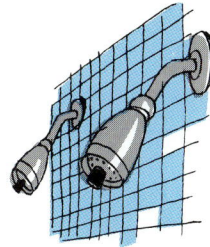

les douches (*f*)

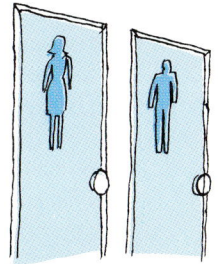

les toilettes (*f*)

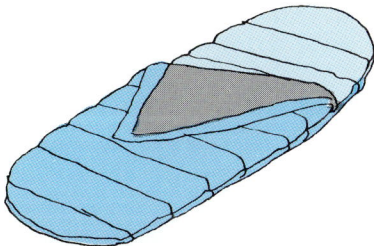

un sac de couchage

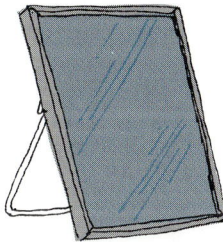

le miroir

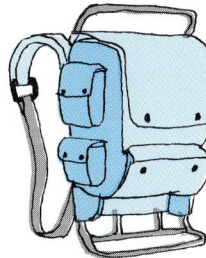

un sac à dos

le chemin

Le **terrain de camping s'appelle** "Les Pins".
Carole **monte** une tente.

Carole et Robert **se promènent.**
Ils se promènent sur un chemin.
Le chemin **mène** à la plage.

309

Exercice 2 Carole fait du camping
Complétez.

Pendant les vacances d'été Carole fait du camping. Elle aime beaucoup le camping. Elle passe quinze jours avec sa famille dans un _____ de camping qui _____ «Les Pins». Ce camping se trouve sur la côte d'Azur. Quand elle arrive au camping Carole _____ une tente. Le soir elle dort dans un _____ _____ _____ sous la tente. Le matin elle se lève et prend une _____ dans la salle de bains. Ensuite elle se brosse les dents et les cheveux. Quand elle se brosse les cheveux elle se regarde dans un _____ .

Ensuite elle se promène sur un _____ . Le chemin _____ à la plage. Quand Carole arrive à la plage, elle nage avec ses copains.

Exercice 3 Personnellement
Répondez.

1. Avez-vous passé des vacances dans un terrain de camping? Où ça ?
2. Avez-vous dormi dans une caravane?
3. Avez-vous dormi dans un sac de couchage?
4. Est-ce que vous trouvez un sac de couchage confortable?
5. Avez-vous dormi sous une tente?
6. Avez-vous pris une douche avec de l'eau froide?
7. Si vous faites du camping, mettez-vous vos vêtements dans une valise ou dans un sac à dos?

Structure

Les verbes réfléchis

Observe and compare the following sentences.

Ginette lave le bébé.

Ginette se lave.

Ginette couche le bébé.

Ginette se couche.

Ginette regarde le bébé.

Ginette se regarde.

In the sentences in the first column the baby is the receiver of the action of the verb. In the sentences in the second column Ginette herself is the receiver of the action of the verb. In these sentences Ginette both performs and receives the action of the verb. For this reason the pronoun **se** must be used. **Se** refers to Ginette and is called a reflexive pronoun. It indicates that the action of the verb is reflected back to the subject.

Each subject pronoun has a reflexive pronoun. Look at the forms of a reflexive verb.

Infinitive	se laver	s'habiller
Present tense	je me lave	je m'habille
	tu te laves	tu t'habilles
	il/elle se lave	il/elle s'habille
	nous nous lavons	nous nous habillons
	vous vous lavez	vous vous habillez
	ils/elles se lavent	ils/elles s'habillent

Note that **me, te,** and **se** become **m', t',** and **s'** when followed by a vowel or silent **h.**

Exercice 1 **Pratiquez la conversation.**

— Charles, tu te lèves à quelle heure?
— Moi, je me lève à six heures.
— Tu te lèves à six heures?
— Oui. Je me lave, je me brosse les dents et je me rase. À sept heures je pars pour l'école.

Exercice 2 **Répondez.**

Répondez d'après la conversation de l'exercice 1.

1. Charles se lève à quelle heure?
2. Il se lave dans la salle de bains?
3. Il se brosse les dents?
4. Il se rase aussi?
5. Il se regarde dans le miroir quand il se rase?
6. À quelle heure part-il pour l'école?

311

Exercice 3   Joëlle et Jacqueline
Répondez que *Oui.*

1. Est-ce que Joëlle et Jacqueline se réveillent à sept heures?
2. Est-ce qu'elles se lèvent à sept heures et dix?
3. Est-ce que Joëlle se lave vite?
4. Est-ce que Jacqueline s'habille en blue-jeans?
5. Est-ce que les filles se brossent les dents?
6. Est-ce qu'elles se brossent les cheveux?

Exercice 4   Marc et son frère
Complétez.

1. Marc, tu _____ ?   **se raser**
2. Oui, je _____ .   **se raser**
3. Tu _____ les cheveux?   **se brosser**
4. Oui, je _____ les cheveux.   **se brosser**
5. Tu _____ les dents maintenant?   **se brosser**
6. Oui, je _____ les dents.   **se brosser**
7. Tu _____ maintenant?   **s'habiller**
8. Oui, je _____ vite.   **s'habiller**

Exercice 5   On fait du camping.
Complétez.

1. Quand nous faisons du camping, nous _____ sous la tente.   **se coucher**
2. Nous _____ avec le soleil.   **se réveiller**
3. Nous _____ et nous _____ vite.
   se lever / s'habiller
4. Nous _____ dans la forêt.   **se promener**
5. Et vous, vous _____ sous la tente ou dans une caravane?   **se coucher**
6. Vous _____ dans la forêt?   **se promener**
7. Vous _____ tard?   **se coucher**
8. Vous _____ tout de suite, n'est-ce pas?
   s'endormir

Exercice 6   Personnellement
Répondez.

1. À quelle heure est-ce que vous vous réveillez?
2. À quelle heure est-ce que vous vous levez?
3. Est-ce que vous vous brossez les dents avec de l'eau chaude?
4. Est-ce que votre père se rase tous les jours?
5. Est-ce que vous vous habillez vite ou lentement?
6. À quelle heure est-ce que vous vous couchez?
7. Est-ce que vous vous endormez tout de suite?

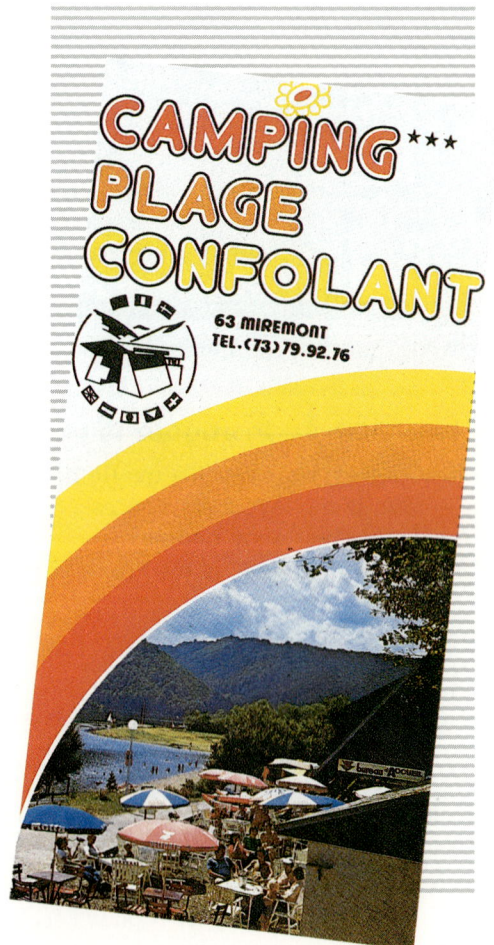

CAMPING PLAGE CONFOLANT ***
63 MIREMONT
TEL.(73) 79.92.76

Note

Many different French verbs can be used with reflexive pronouns. Often the reflexive pronoun gives a different meaning to the verb. Study the following examples.

Marie amuse ses amis.	*Mary amuses her friends.*
Marie s'amuse.	*Mary has a good time. (Mary "amuses herself.")*
Marie demande l'addition.	*Mary asks for the check.*
Marie se demande si c'est vrai.	*Mary wonders ("asks herself") if it is true.*
Marie appelle son amie.	*Mary calls her friend.*
Elle s'appelle Marie.	*Her name is Mary. ("She calls herself Mary.")*
Elle trouve la maison.	*She finds the house.*
La maison se trouve dans la rue Baudin.	*The house is located ("finds itself") on Baudin Street.*

Exercice 7 Charles appelle son ami.
Répondez.

1. Est-ce que Charles appelle son ami au téléphone?
2. Est-ce que son ami s'appelle Henri?
3. Est-ce que Charles invite Henri à la boum de Ginette?
4. Est-ce que Charles s'invite à la boum aussi?
5. Est-ce que les deux garçons trouvent la maison de Ginette?
6. Est-ce que sa maison se trouve dans la rue de Grenelle?
7. Est-ce que Charles amuse ses copains à la boum?
8. Est-ce qu'il s'amuse aussi?

Exercice 8 Je réveille mon frère!
Complétez avec un pronom réfléchi si c'est nécessaire.

1. Bonjour! Je _____ appelle Suzanne.
2. Je _____ lève à six heures du matin.
3. Quand je _____ lève, je _____ réveille mon frère.
4. Mon frère _____ appelle Gilbert.
5. Je n'entends rien. Je _____ demande si mon frère _____ lève ou _____ endort de nouveau.
6. J'_____ appelle «Gilbert».
7. Je _____ demande à mon frere, «Gilbert, tu _____ lèves?»

Les verbes réfléchis au négatif

In the negative form of a reflexive verb, **ne** is placed before the reflexive pronoun. (The reflexive pronoun is *never* separated from the verb.) **Pas** follows the verb.

Affirmative	Negative
Je me couche tout de suite.	Je ne me couche pas tout de suite.
Nous nous regardons.	Nous ne nous regardons pas.

Exercice 9 Personnellement
Répondez avec oui ou non.

1. Est-ce que vous vous levez à midi?
2. Est-ce que vous vous lavez avec de l'eau froide?
3. Est-ce que vous vous rasez le matin et le soir?
4. Est-ce que vous vous habillez en blue-jeans quand vous allez en classe?
5. Est-ce que vous vous amusez à l'école?
6. Est-ce que vous vous couchez tous les soirs dans un sac de couchage?
7. Est-ce que vous vous couchez à une heure du matin?
8. Est-ce que vous vous endormez tout de suite quand vous vous couchez?

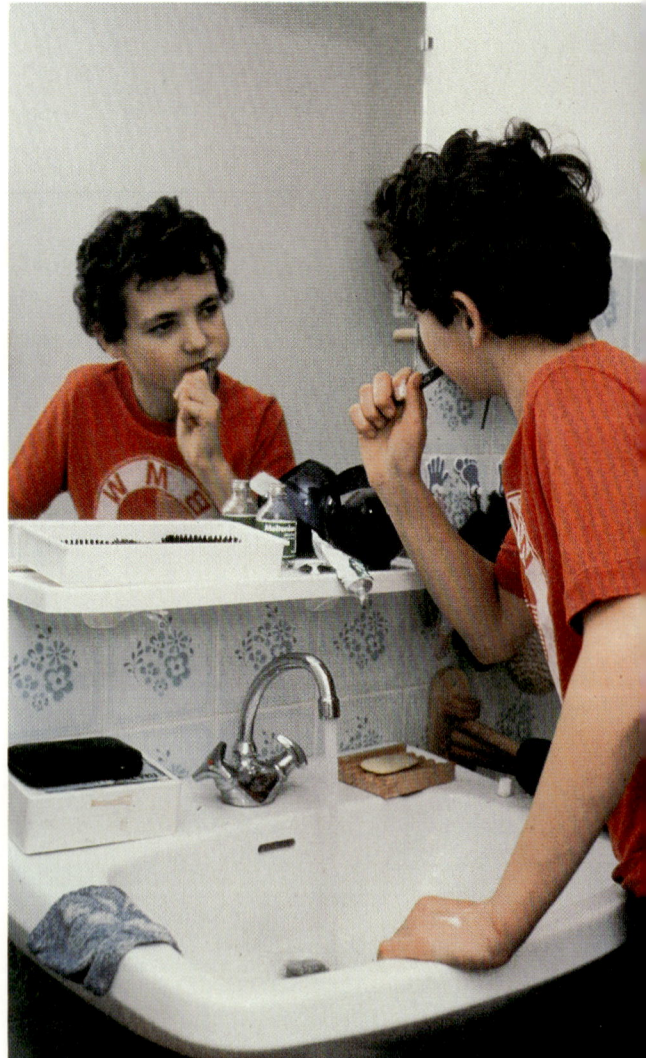

Exercice 10   Vincent ne se lève pas.

Lisez le paragraphe. Ensuite, répétez le paragraphe avec _je._

Vincent se réveille, mais il ne se lève pas tout de suite. Il a mal au ventre. Enfin il se lève mais il ne se lave pas. Il ne se brosse pas les dents. Il ne se rase pas. Il ne s'habille pas. Il se regarde dans le miroir. Quel horreur! Il se demande s'il va mourir (_to die_).

Il se couche mais il ne s'endort pas. Tout à coup il pense: «Mon Dieu! C'est aujourd'hui dimanche! Il n'y a pas de classe!»

Verbes avec changements d'orthographe

Verbs like _manger_ and _commencer_

Certain verbs require changes in spelling in order to maintain the same pronunciation.

Verbs in **-ger** like **manger** and **nager** add an **e** in the **nous** form of the present tense in order to maintain the soft _g_ sound.

> **nous mangeons**
> **nous nageons**

Verbs in **-cer** like **commencer** have a cedilla in the **nous** form of the present tense in order to maintain the soft _s_ sound.

> **nous commençons**

Exercice 11   Quand je mange...

Lisez le paragraphe. Ensuite, écrivez le paragraphe avec _nous._

Quand je mange beaucoup, je ne nage pas tout de suite après. Quand je nage, je commence lentement (_slowly_).

Verbs like _mener_

Verbs like **mener, se promener, se lever,** and **acheter** take a grave accent (`) in the singular forms and in the third person plural form.

Infinitive	mener	acheter	se lever
Present tense	je mène	j'achète	je me lève
	tu mènes	tu achètes	tu te lèves
	il/elle mène	il/elle achète	il/elle se lève
	nous menons	nous achetons	nous nous levons
	vous menez	vous achetez	vous vous levez
	ils/elles mènent	ils/elles achètent	ils/elles se lèvent

Note that the syllable with the grave accent is the syllable that is stressed.
Note the pronunciation of the **nous** and **vous** forms.

Verbs like *appeler*

Verbs like **appeler** and **jeter** (*to throw, to throw away*) double the **l** or the **t** in the **je, tu, il/elle,** and **ils/elles** forms.

Infinitive	appeler	jeter
Present tense	j'appelle	je jette
	tu appelles	tu jettes
	il/elle appelle	il/elle jette
	nous appelons	nous jetons
	vous appelez	vous jetez
	ils/elles appellent	ils/elles jettent

Note the pronunciation of the **nous** and **vous** forms.

Exercice 12 Personnellement
Répondez.

1. Quand tu vas à la plage, achètes-tu de la lotion solaire?
2. Appelles-tu un ami pour aller à la plage avec toi?
3. Comment est-ce qu'il s'appelle?
4. Est-ce que vous vous promenez le long de la mer?
5. Est-ce que vous vous promenez sur un petit chemin qui mène à la plage?
6. Quand vous allez à la plage, est-ce que vous nagez dans la mer?
7. Si vous prenez ou mangez quelque chose, est-ce que vous jetez les boîtes ou les bouteilles sur la plage?

Exercice 13 J'achète un petit cadeau.
Complétez.

1. Je _____ Paul. **s'appeler**
2. Aujourd'hui j'_____ un petit cadeau pour mon meilleur ami. **acheter**
3. Mon meilleur ami _____ Georges. **s'appeler**
4. J'_____ un maillot pour Georges. **acheter**
5. Je sais qu'il a besoin d'un maillot parce qu'il _____ ses vacances. **commencer**
6. Georges et moi, nous _____ nos vacances ensemble et nous allons à la plage. **commencer**
7. Quand nous sommes à la plage nous _____ beaucoup. **nager**
8. Quelquefois nous _____ un sandwich mais nous ne _____ rien sur la plage. **manger, jeter**
9. Je _____ le long de la mer mais Georges ne _____ jamais. **se promener**

Prononciation

La lettre *h*

The letter **h** is never pronounced in French. Liaison is made, however, only when the **h** is silent, not aspirate.

h muet		*h* aspiré	
les hommes	en hiver	un/héros	un/homard
les heures	les huîtres	les/haricots verts	les/huit chaises
nous nous habillons	les hôtels	les/hors-d'œuvre	le/hockey
elles habitent	les hôpitaux	en/Hollande	en/haut

Pratique et dictée

Nous nous habillons pour jouer au hockey en hiver.
Elles habitent en Hollande et elles aiment les huîtres.
Les hôtels et les hôpitaux servent des haricots verts et des hors-d'œuvre.
Ces hommes passent des heures à manger des homards.

Conversation

Ces sacrés moustiques!·

Clément	On s'amuse bien dans ce camping, n'est-ce pas?
Rosalie	Assez bien! Vous êtes sous la tente ou dans une caravane?
Clément	Nous avons une tente. Vous aussi?
Rosalie	Nous avons une petite caravane. On se couche par terre· dans une tente?
Clément	Nous nous couchons par terre, oui, mais dans des sacs de couchage.
Rosalie	C'est confortable?
Clément	Pas mal, sauf· quand il y a des moustiques!

Exercice   Complétez.

1. Rosalie et Clément sont dans un _____ .
2. La famille de Clément a une _____ .
3. La famille de Rosalie a une _____ .
4. Rosalie demande si on _____ .
5. Clément répond qu'ils se couchent dans _____ .
6. Clément dort bien sauf quand _____ .

·**sacrés moustiques** *darn mosquitos*   ·**par terre** *on the ground*   ·**sauf** *except*

Lecture culturelle

Un camping près de la mer

(Solange et Joëlle parlent des projets pour les grandes vacances.)

Solange C'est décidé donc! Nous allons au Maroc en août!

Joëlle Ah! Tu vas enfin voir un charmeur de serpents! N'oublie pas de prendre sa photo!

Solange D'accord! Et toi, où vas-tu?

Joëlle On a voté pour le camping près de la mer. Nous nous amusons beaucoup sur la plage.

Solange Sur la côte du Languedoc˙ où vous avez été l'an dernier? Comment s'appelle cette ville?

Joëlle C'est ça. La ville s'appelle Agde. Elle est sur le canal du Midi,˙ tu sais. Le terrain de camping s'appelle Les Sables d'Or.

Solange Très joli nom! Vous allez remorquer˙ la caravane, je suppose.

Joëlle Mais bien sûr!

Solange Comment est-elle, votre caravane?

Joëlle Pas très grande, mais assez confortable. Il y a deux chambres, l'une pour mes parents, l'autre pour Bertine et moi. Il y a aussi une petite cuisine. Sous l'auvent˙ il y a une table et quatre fauteuils.˙

Solange Pas de salle de bains?

Joëlle Non! Mais toutes les installations sanitaires se trouvent tout près— toilettes, douches, machines à laver.

Solange Tu ne t'ennuies˙ pas là-bas?

Joëlle Absolument pas! La plage est très belle et nous nageons beaucoup. Bertine fait du pédalo˙ et moi, je bronze. Après le dîner nous nous promenons à vélo ou nous jouons aux boules˙ ou au golf miniature.

Solange Et comment est-ce que vous vous amusez le soir?

Joëlle Il n'y a pas de problème! La salle de jeux est énorme! D'ailleurs, dans un camping on rencontre˙ des gens intéressants de tous les pays.

Solange Ah, oui?

Joëlle Ah, oui! Mais généralement nous nous couchons et nous nous levons de bonne heure.˙ Les coqs˙ commencent à chanter à cinq heures!

˙**le Languedoc** *a region of France located in the southeast, west of the Côte d'Azur* ˙**le canal du Midi** *a canal that joins the Atlantic Ocean and the Mediterranean Sea* ˙**remorquer** *to tow* ˙**Sous l'auvent** *Under the canopy* ˙**fauteuils** *armchairs* ˙**t'ennuies** *get bored* ˙**pédalo** *paddle boat* ˙**boules** *a game similar to lawn bowling, played with metal balls* ˙**rencontrer** *to meet* ˙**de bonne heure** *early* ˙**coqs** *roosters*

En Camargue
(Languedoc)

Cap d'Agde

Le Canal du Midi

319

Exercice 1 Choisissez.

1. La famille de Solange va passer les
   grandes vacances _____ .
   a. en Amérique
   b. en Afrique
   c. en Europe

2. Solange a envie de voir _____ .
   a. une photo
   b. des serpents
   c. un charmeur de serpents

3. Joëlle demande à Solange _____ .
   a. de prendre une photo
   b. de charmer un serpent
   c. d'acheter un serpent

4. La famille de Joëlle va _____ .
   a. à la plage
   b. à la montagne
   c. à Paris

Exercice 2 Répondez.

1. Qui s'amuse sur la plage?
2. Comment s'appelle la ville?
3. Dans quelle province se trouve Agde?
4. Quelle ville se trouve sur le canal du
   Midi?

5. Comment s'appelle le terrain de
   camping?
6. Qu'est-ce qu'on va remorquer?

Exercice 3 Corrigez.

1. La plage est horrible!
2. Les filles ne nagent pas.
3. Joëlle fait du pédalo.

4. **Bertine bronze.**
5. Elles se promènent à cheval.
6. Elles jouent au volley.

Exercice 4 Complétez.

Le soir les filles s'amusent dans la _____ . Elles rencontrent _____ .
Généralement elles se couchent _____ . Elles se _____ de bonne heure aussi
parce que les _____ commencent à chanter à _____ .

Activités

1 Décrivez la caravane de la famille de
Joëlle.

Dites...
- si elle est grande, petite, confortable
- combien de chambres il y a
- comment est la cuisine
- ce qu'il y a sous l'auvent

2 Décrivez les activités de Joëlle et de Bertine.

- sur la plage
- après le dîner
- le soir

3 Décrivez votre journée. Commencez avec *Je me réveille...* et finissez avec *Je me couche...* (au moins 6 phrases).

4 Décrivez ce que vous voyez dans l'illustration.

LE PANORAMIC*

Camping du Minéralogist

A PROXIMITÉ DES GITES MINÉRAUX LES PLUS CÉLÈBRES D'AUVERG

Dans le Parc des Volcans à LOUBEYRA

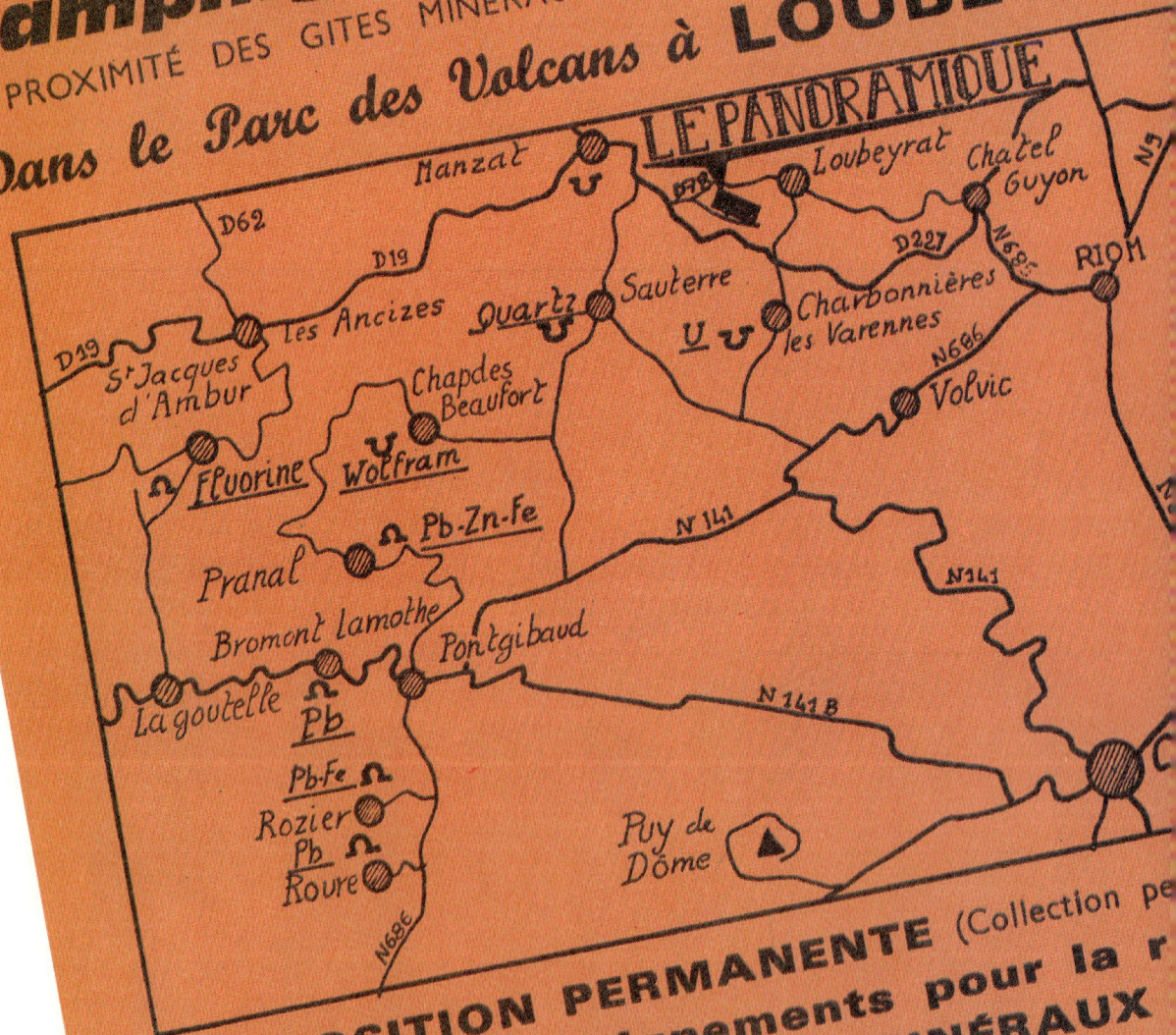

EXPOSITION PERMANENTE (Collection pe

Service de Renseignements pour la r

ECHANGES DE MINÉRAUX

en saison : **Conférences et Diaposit**

Voici le camping Serre-Ponçon dans les Hautes Alpes.
Beaucoup de familles françaises font du camping pendant leurs vacances.
Avez-vous jamais fait du camping? Où ça?

Voici une péniche dans le Canal du Midi dans le Languedoc. Certaines familles habitent sur les péniches. D'autres familles passent leurs vacances sur une péniche. Les péniches parcourent les canaux de France.

22 À la terrasse d'un café

Vocabulaire

le café

la carotte rouge

la terrasse

le bureau de tabac

le patron   la patronne

les consommations

le plateau

Asseyez-vous, s'il vous plaît.

Les clients sont **assis.**
Ils **bavardent.**
Ils **discutent politique.**

Exercice 1   Au café

Répondez.

1. Est-ce que les clients sont assis à la terrasse du café ou au bureau de tabac?
2. Est-ce que les clients bavardent?
3. Discutent-ils politique?
4. Est-ce qu'ils ont commandé des consommations?
5. Le garçon a-t-il mis les consommations sur un plateau?
6. A-t-il servi les consommations?

Les consommations

une citronnade[1]

une orangeade[1]

un citron pressé[2]

une grenadine[3]

des apéritifs

un diabolo menthe[4]

On peut commander aussi:

un esquimau

une glace

Exercice 2   Personnellement
Répondez.

1. Préférez-vous la citronnade ou le citron pressé?
2. Préférez-vous l'orangeade ou le jus d'orange?
3. Préférez-vous la glace au chocolat, à la vanille ou à la fraise?
4. Préférez-vous un sandwich au fromage ou au jambon?
5. Quand mangez-vous un esquimau?

[1] **Citronnade** and **orangeade** are *not* lemonade and orangeade; they are similar to lemon and orange soda.

[2] **Citron pressé** is lemon juice served with water and sugar—a fresh lemonade.

[3] **Grenadine** is pomegranate syrup with water.

[4] **Un diabolo menthe** is lemon soda mixed with peppermint syrup.

Structure

Le verbe *s'asseoir*

The reflexive verb **s'asseoir** (*to sit down*) is irregular. Study the following forms of the present tense.

Infinitive	s'asseoir
Present tense	je m'assieds
	tu t'assieds
	il/elle s'assied
	nous nous asseyons
	vous vous asseyez
	ils/elles s'asseyent

Exercice 1 Tu ne t'assieds pas?
Complétez avec *s'asseoir*.

Une dame entre dans un café et choisit une table. Elle _____ et demande un express. Bientôt deux de ses amies arrivent et elles _____ avec leur amie. Plus tard une quatrième dame arrive, mais elle ne _____ pas.

— Pourquoi est-ce que tu ne _____ pas? demande la première dame.

— Je ne _____ pas parce que je suis tellement (*so*) fatiguée. Si je _____ , je ne me lève jamais!

Participes passés irréguliers

Many verbs have an irregular past participle. You already know several that end in **u.** Let's review them.

avoir	eu	pouvoir	pu
boire	bu	recevoir	reçu
croire	cru	voir	vu
devoir	dû	vouloir	voulu
lire	lu		

J'ai eu de la chance. J'ai reçu un cadeau.
Pendant l'après-midi j'ai vu un bon film. Le soir j'ai lu un bon livre.

Other irregular past participles end in an /i/ sound. Review the following, taking care to note the spelling.

mettre	mis	prendre	pris
promettre	promis	apprendre	appris
permettre	permis	comprendre	compris

Study the following past participles that also end in an /i/ sound. Pay particular attention to the spelling.

dire	dit
écrire	écrit
décrire	décrit

Il a dit bonjour.
Tu as écrit la lettre?
Elle a décrit la scène.

The verbs **être** and **faire** have completely irregular past participles.

| être | été | faire | fait |

Tu as été au café?
Est-ce que la patronne a fait des sandwiches au jambon?

Exercice 2   Qu'est-ce que tu as fait au café?
Répondez.

1. Tu as été au café?
2. Tu as reçu une lettre de ton ami?
3. Tu as lu la lettre au café?
4. Tu as écrit une lettre au café?
5. Tu as pris un sandwich au café?
6. Tu as bu un diabolo menthe au café?
7. Tu as été toute la journée au café?

Exercice 3   Au café
Répétez au passé composé.

1. Georges prend un sandwich et Michel prend des gâteaux.
2. Georges boit un coca et Michel boit deux citronnades.
3. Ensuite Michel écrit une lettre et Georges lit un magazine.
4. Michel dit quelque chose, mais Georges ne comprend pas.
5. «J'écris à Marie-Claire.»
6. «Oh oui? Et qu'est-ce que tu dis?»
7. «Je décris ce quartier de Paris—les boulevards, les édifices, les cafés.
8. Et je promets d'écrire à son frère.»

Les verbes réfléchis à l'impératif

The negative command of reflexive verbs is similar to the declarative sentence. As with all commands, however, the subject pronoun is omitted. Note the following forms.

Nous ne nous levons pas.	*We don't get up.*
Ne nous levons pas!	*Let's not get up!*
Vous ne vous asseyez pas.	*You don't sit down.*
Ne vous asseyez pas!	*Don't sit down!*

Remember that there is no **-s** in the familiar (**tu**) command of regular **-er** verbs.

Tu ne te rases pas.	*You don't shave.*
Ne te rase pas!	*Don't shave.*

In the affirmative command forms of reflexive verbs, the reflexive object pronoun *follows* the verb. It is attached to it by a hyphen.

Vous vous lavez.	*You wash yourself.*
Lavez-vous!	*Wash yourself!*
Nous nous asseyons.	*We sit down.*
Asseyons-nous!	*Let's sit down!*

Note that the reflexive pronoun **te** changes to the emphatic pronoun **toi** when used in the imperative form.

Tu te lèves.	*You get up.*
Lève-toi!	*Get up!*
Tu t'assieds.	*You sit down.*
Assieds-toi!	*Sit down!*

Exercice 4   Dites à Paul

Tell Paul what to do.

1. Paul, _____ .

2.

3.

4.

5.

Exercice 5   Dites à Monsieur Coty

Tell Monsieur Coty what to do. Be polite with Monsieur and use his title and add
s'il vous plaît.

1. _____ , Monsieur, s'il vous plaît.

2.

3.

4.

Exercice 6   Asseyons-nous!
Suivez le modèle.

> Tu veux t'asseoir?
> *Bonne idée! Asseyons-nous.*

1. Tu veux t'asseoir au café?
2. Tu veux te laver les mains avant de commander?
3. Tu veux te lever?
4. Tu veux te promener un peu?

Prononciation

The letter **s** is pronounced /s/ when it occurs at the beginning of a word or when it is followed by a consonant. It is pronounced /z/ when it falls between two vowels. It is also pronounced /z/ in cases of liaison.

The letter **t** is pronounced /t/ in all cases except in the ending **-tion,** when it is pronounced /s/.

s = /**s**/	*s* = /**z**/	*s* = /**z**/ (liaison)
sur	cuisine	ils ont
salade	maison	vous avez
disque	visiter	nous allons
discuter	musée	elles habitent
touriste	usine	les enfants
esquimau	serveuse	les huîtres

t = /**t**/	*t* = /**s**/
tu	conversation
table	addition
travaille	nation
plateau	condition
apéritif	tradition
patron	consommation

Pratique et dictée

Vous avez mis les plateaux sur la table dans la cuisine.
Nous allons discuter la condition des usines de la nation.
Les enfants vont visiter le musée avec la serveuse.

Conversation

Au café du Chat qui danse

Marie	Dépêche-toi, Léo! Nous avons rendez-vous au café avec Odile et Éric.
Léo	Oui! Oui! Calme-toi! Je me dépêche! *(Ils arrivent au café.)*
Marie	Ah, voilà Odile qui arrive!
Léo	Et voilà Éric déjà au comptoir.
Marie, Odile, Léo	Salut! Salut! *(Ils se serrent la main.)*

Éric	Salut, les amis! J'arrive dans un instant.
Odile	Asseyons-nous à cette table près de la fenêtre, voulez-vous?
Léo	Bonne idée! Qu'est-ce que vous prenez?
Marie et Odile	Une grenadine.
Léo	Et pour toi, Éric?
Éric	Rien pour moi! J'ai déjà pris trois cocas!

Exercice   Des questions

Formez une question pour chaque réponse.

1. Marie et Léo vont au café.
2. Ils ont rendez-vous avec Odile et Éric.
3. Léo dit qu'il se dépêche.
4. Éric est déjà au comptoir.
5. Les amis s'asseyent à une table près de la fenêtre.
6. Marie et Odile prennent une grenadine.
7. Éric ne prend rien parce qu'il a déjà pris trois cocas.

Lecture culturelle

Les cafés français

Vous demandez-vous quel est le rôle du café dans la vie française? Il faut dire* tout simplement que le café en France est une institution nationale. Il est important dans la vie sociale et politique, surtout dans les petits villages.

Le café de quartier se trouve très souvent à côté du bureau de tabac avec sa «carotte» rouge. Ce café, qui s'appelle aussi «bistro» ou «café du coin», a une ambiance* intime. Il est fréquenté par les personnes qui habitent près de là. Bien

---

* **Il faut dire** *One must say*   * **ambiance** *atmosphere*

entendu les femmes sont admises, mais
la plupart des clients dans un café de
quartier sont les hommes.

   C'est ici qu'on vient pour rencontrer les
amis. C'est ici qu'on vient pour discuter
sports, politique, choses sérieuses.
Naturellement le patron, qui est considéré
comme un ami, participe aux conversations.
C'est ici qu'on vient pour téléphoner, pour
écouter de la musique, pour jouer aux cartes,
aux dames, aux échecs.

   Les cafés «à la mode», généralement plus
grands, se trouvent sur une grande avenue
comme les Champs-Élysées. On s'assied à la
terrasse et on regarde les gens qui passent
pendant qu'on bavarde et prend sa
consommation.

   Mais qu'est-ce qu'on commande dans un
café? Évidemment on sert du café—café
crème ou café filtre. Et du vin, des apéritifs,
de la bière, de l'eau minérale et du coca. Sur
le plateau de la serveuse ou du garçon on
peut voir aussi des orangeades, des
citronnades, des jus de fruits, des glaces et
des esquimaux. Dans certains cafés on sert
aussi des repas simples ou des sandwiches.

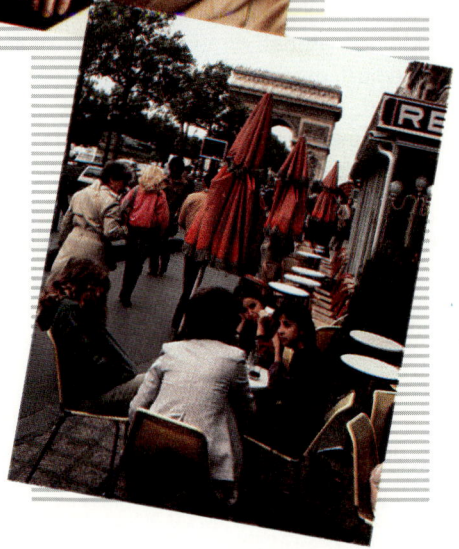

Exercice 1 Complétez.

1. En France le café est une _____ .
2. Le café joue un rôle important dans la vie _____ et _____ .
3. Le café est important surtout dans _____ .
4. Le bureau de tabac se trouve souvent à côté du _____ .
5. Le café de quartier s'appelle aussi _____ et _____ .
6. Il est fréquenté par _____ .

Exercice 2 Répondez.

1. Pourquoi va-t-on au café? (Nommez au moins quatre raisons.)
2. Où se trouvent les cafés «à la mode»?
3. Où est-ce qu'on s'assied?
4. Qu'est-ce qu'on regarde?
5. Qu'est-ce qu'on peut commander dans un café? (Nommez au moins six possibilités.)

---

dames *checkers*   ·Évidemment *Evidently*   ·café filtre *strong filtered coffee*

Activités

1 Une discussion

- Avez-vous été dans un café?
- Y a-t-il des cafés dans une grande ville près de chez vous?
- Où va-t-on dans votre ville pour prendre une glace après le cinéma?
- Qu'est-ce que vous prenez?
- Et vos amis, qu'est-ce qu'ils prennent?
- Combien de serveuses et de garçons y a-t-il?
- Le patron et/ou la patronne sont-ils présents?

2 Un petit dialogue: *Au café*. Préparez avec un(e) camarade de classe un petit dialogue (au moins 5 lignes) entre deux clients ou entre un client et le patron/la patronne d'un café.

Sujets possibles:
- où on s'assied
- ce qu'on commande
- ce qu'on a vu à la télé
- ce qu'on a lu dans le journal

3 Décrivez ce que vous voyez sur les photos.

galerie vivante

Dans presque tous les cafés en France il y a une liste de consommations et un menu que les clients peuvent regarder avant de s'asseoir. Cette liste donne toujours les prix et indique si le service est compris.

Madeleine-tronchet

NOUS NOUS EXCUSONS DE NE POUVOIR ACCEPTER LES CHEQUES

Café express	
Décaféiné	5,00
Sup. Pot de Lait	5,00
Grand crème	3,00
Grand noir	10,00
Chocolat	10,00
Lait chaud-Viandox	10,00
Thé-Infusions	8,00
D.A.B. export	10,00
le double	8,00
Guiness, bouteille	16,00
Carlsberg, bouteille	15,00
Bavière brune	15,00

BOISSONS FRAICHES

Le quart-Eaux	
Avec sirop	8,00
Pschitt	10,00
Coca-Cola	10,00
Gini, Orangina	10,00
Schweppes	10,00
Gin Tonic	10,00
San Pellegrino—Ricqlès	22,00
Pamplemousse	10,00
Ananas	10,00
Tomate—Raisin	10,00
Fruits pressés	10,00
Lait froid gd verre	12,00
Lait avec sirop	7,00
Liqueur de menthe à l'eau	9,00
	12,00

A toute heure:

Croque-Monsieur	15,00
Assiette Crudités	18,00
Salade de Tomate	18,00
Jambon de Paris	20,00
Jambon de Parme	35,00
Viandes froides assorties	30,00
Charcuteries variées	30,00

SANDWICHES

Jambon ou Fromage ou Ail ou Salami	10,00
Jambon et Gruyère	10,00
Terrine du Chef	12,00
Faux-filet	15,00
Jambon de Parme	18,00
	25,00

Aux heures de repas:

Soupe à l'oignon gratinée	22,00
Omelette : jambon ou fromage ou champignons	22,00

GLACES (2 boules)

Vanilla, Café, Chocolat	17,00
Sorbet : cassis - poire - fraise	20,00
Café Liégeois	20,00
Pêche ou Ananas Melba	25,00
Toast beurre confiture	10,00
Tarte maison pur beurre	15,00

SERVICE NON COMPRIS 15%

35 PLACE DE LA MADELEINE   1 RUE TRON...

Les Français aiment passer le temps dans les cafés. Les clients peuvent commander une consommation ou un petit plat mais on n'est jamais pressé. Au café on peut parler avec des amis, lire le journal, écrire une carte postale, ou seulement regarder les gens qui passent. Est-ce que nous avons beaucoup de vrais cafés aux États-Unis?

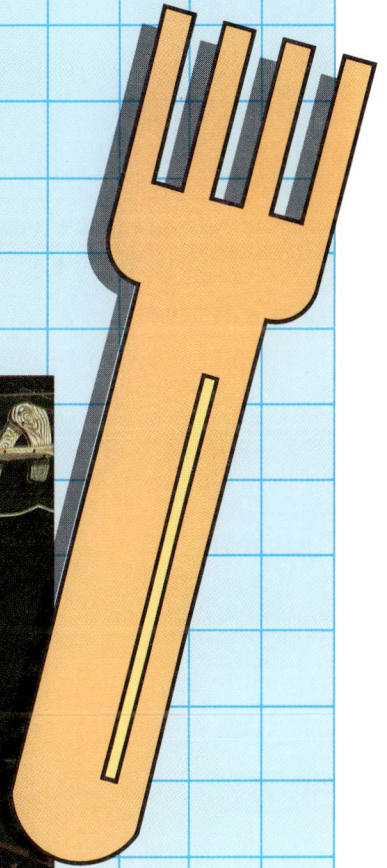

23 À la station-service

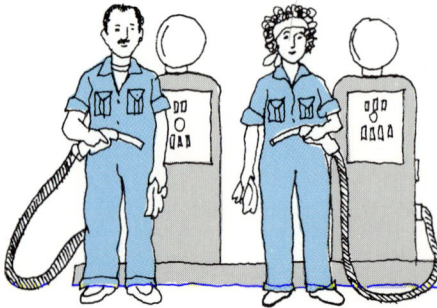

le pompiste   la pompiste

le mécanicien

la mécanicienne

les pompes à essence

la conductrice   le conducteur

La voiture

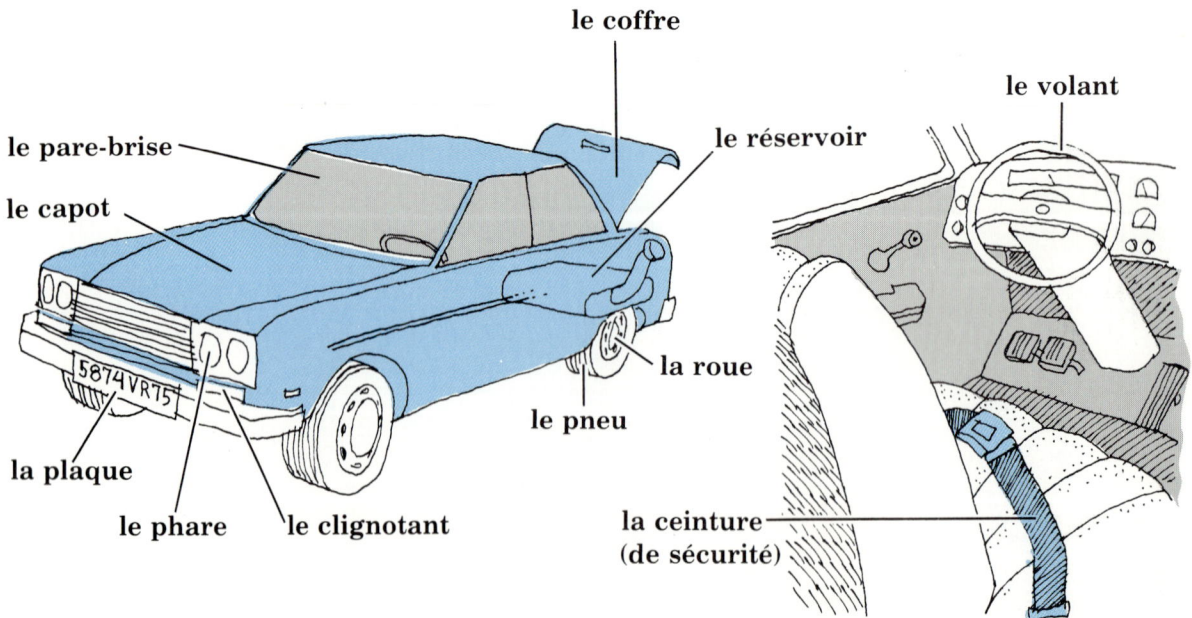

le coffre

le volant

le pare-brise

le réservoir

le capot

la roue

le pneu

la plaque

5874 VR 75

le phare   le clignotant

la ceinture
(de sécurité)

336

Le pompiste met trente **litres d'essence**
dans le réservoir.

Il **fait le plein.**

Il **vérifie la pression** des pneus.

Il met de **l'huile** dans **le moteur.**

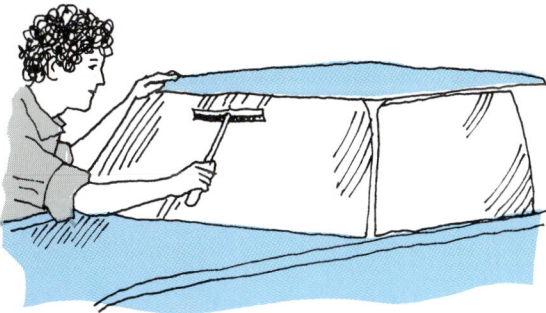

Il **nettoie** le pare-brise.

Le mécanicien **répare** les clignotants.
Ils ne **fonctionnent** pas.

Exercice 1   À la station-service
Complétez.

1. Le pompiste met trente litres d'essence dans le _____ .
2. Il nettoie le _____ .
3. Il vérifie la pression des _____ .
4. Il met de l'huile dans le _____ .
5. Le mécanicien répare les _____ parce qu'ils ne _____ pas.

Exercice 2   La voiture
Choisissez.

1. Généralement le moteur se trouve _____ .

   a. dans le réservoir
   b. sur le pare-brise
   c. sous le capot

2. On met les bagages _____ .
   a. dans le coffre
   b. dans le pneu
   c. dans le phare

3. Dans le réservoir on met _____ .
   a. de l'eau
   b. de l'essence
   c. de l'huile

4. Quand un conducteur veut tourner à gauche ou à droite il met _____ .
   a. les phares
   b. les pneus
   c. les clignotants

5. Le numéro d'identification de la voiture se trouve _____ .
   a. sur la plaque
   b. sur la roue
   c. sur le pare-brise

6. Qui est au volant? C'est _____ .
   a. le chien
   b. le conducteur
   c. le passager

7. En voiture il est obligatoire de mettre _____ .
   a. une ceinture folklorique
   b. la ceinture de sécurité
   c. la ceinture du pompiste

Sur la route

Tape Activity 5

L'autoroute de l'ouest?

Le conducteur **conduit** à 20 **kilomètres** à l'heure. Il ne **connaît** pas **la route.** Il cherche **l'autoroute** de l'ouest. Sa passagère **la** cherche sur **la carte routière.**

Le conducteur **s'arrête** au **feu** rouge. Il y a **un encombrement affreux** à ce **carrefour.**

L'agent de police contrôle la circulation. Ce **panneau indique** qu'il y a un **virage dangereux.**

Exercice 3 Sur la route
Répondez.

1. Comment conduit le conducteur?
2. Qu'est-ce qu'il ne connaît pas?
3. Qu'est-ce qu'il cherche?
4. Qui cherche l'autoroute sur la carte routière?
5. Où s'arrête le conducteur?
6. Où est-ce qu'il y a un encombrement affreux?
7. Qui contrôle la circulation?
8. Qu'est-ce que le panneau indique?

Exercice 4 Personnellement
Répondez.

1. À quelle station-service est-ce que vous allez?
2. Pour votre voiture est-ce qu'on achète de l'essence ordinaire ou du super?
3. Est-ce que votre voiture est nouvelle? C'est une Renault?
4. Avez-vous une carte routière de votre état?
5. Quand allez-vous obtenir votre permis de conduire (*driver's license*)?

Structure

Les verbes *conduire* et *connaître*

The verbs **conduire** (*to drive*) and **connaître** (*to know*) are irregular.

Infinitive	conduire	connaître
Present tense	je conduis tu conduis il/elle conduit nous conduisons vous conduisez ils/elles conduisent	je connais tu connais il/elle connaît nous connaissons vous connaissez ils/elles connaissent
Imperative	Conduis bien! Conduisons lentement! Conduisez prudemment!	(**Connaître** is seldom used in the imperative.)
Passé composé	j'ai conduit	j'ai connu

Note the circumflex accent on the **i** in the third person singular form of **connaître**.

Remember that the **s** in **conduisons** and **conduisez** sounds like **z**.

Exercice 1   Qui conduit cette voiture?
Lisez le dialogue et répondez aux questions.

— Marc, qui conduit cette Citroën?
— C'est mon cousin Paul.
— Il conduit prudemment.
— Oh, oui, et sa sœur aussi conduit bien. Tu connais mes cousins, n'est-ce pas?
— Non. Je connais seulement ton oncle Jules.

1. Qui conduit la Citroën?
2. Comment conduit-il?
3. Est-ce que la sœur de Paul conduit bien aussi?
4. Est-ce que l'ami de Marc connaît ses cousins?
5. Qui connaît-il?

Exercice 2 Nous connaissons des Français.
Complétez avec *connaître*.

Nous _____ beaucoup de Français ici aux États-Unis. Et vous, _____-vous
des Français? _____-vous des Québécois? Votre prof de français _____-elle des
personnes qui parlent français? Est-ce que les autres profs _____ des étrangers?

Exercice 3 Conducteurs français et américains
Complétez avec *conduire*.

En France les jeunes gens _____ à dix-huit ans. Ici aux États-Unis nous _____
à seize, à dix-sept ou à dix-huit ans. Cela dépend de l'état. Est-ce que vous _____
déjà? _____-vous la voiture de vos parents? Est-ce que votre frère (sœur) _____
bien?

Paris

Connaître ou *savoir*

Both **connaître** and **savoir** mean *to know*. **Connaître** means *to know* a person
or *to be acquainted with* a person, place, or thing. **Savoir** means *to know* a fact or *to
know how* to do something.

Je connais ce mécanicien.	**Je sais la réponse.**
Je connais bien ce panneau.	**Je sais conduire une auto.**
Je ne connais pas cette route.	**Je sais que vous conduisez bien.**

Exercice 4   Tu connais la France?
Répondez.

1. Tu connais la France?
2. Tu connais Paris?
3. Tu sais que Paris est très beau?
4. Tu sais prendre le métro?
5. Tu sais où est la tour Eiffel?
6. Tu connais un bon hôtel à Paris?
7. Tu connais le propriétaire?
8. Tu sais le prix d'une chambre?

Exercice 5   On ne connaît pas l'Alsace.
Complétez avec la forme convenable de *connaître* ou *savoir*.

Annette et Patricia vont en France. Elles vont visiter l'Alsace. Elles _____
assez bien Paris, mais elles ne _____ pas toutes les provinces. Elles _____ que
Strasbourg est la capitale de l'Alsace. Elles ont vu des photos de Strasbourg et elles
_____ que c'est une ville pittoresque. Annette et Patricia veulent _____ l'Alsace.
Elles veulent _____ si les restaurants alsaciens sont aussi bons que les
restaurants parisiens. Elles veulent _____ l'histoire de la province. Et elles
veulent surtout faire la connaissance des Alsaciens.

Les pronoms compléments directs *le, la, l', les*

As you know, a direct object in a sentence receives the action of the verb. In the
sentence below, **les clignotants** is the direct object.

      Subject   *Verb*   *Direct object*
Le mécanicien répare les clignotants.

The direct object can be a noun or a pronoun. **Le** (*him, it*), **la** (*her, it*), and **les**
(*them*) are direct object pronouns. They refer to both persons and things. In
declarative sentences they always precede the verb.

Noun object

Paul regarde le pompiste.

Vous conduisez la Citroën.

Nous regardons les panneaux.

Pronoun object

Paul le regarde.

Vous la conduisez.

Nous les regardons.

Before a vowel, **le** and **la** become **l'**. Liaison is required with **les** before a vowel.

Elle admire la voiture. Elle l'admire.
Elle aime ces villes. Elle les aime.

Exercice 6   À la station-service
Répondez avec *le*.

1. Marc salue le pompiste?
2. Le mécanicien répare le moteur?
3. Marc remercie le mécanicien?
4. Il ferme le capot?
5. Il met le clignotant?

Exercice 7 Sur la route
Répondez avec *la*.

1. Nathalie met la ceinture?
2. Elle conduit la voiture de ses parents?
3. Elle connaît la route?
4. Christophe cherche l'autoroute de l'ouest?
5. Il cherche la carte routière?

Exercice 8 Dans la classe de français
Répondez avec *l'*.

1. Tu apprends le français?
2. Tu aimes le français?
3. Tu entends le professeur?
4. Le professeur explique la leçon?
5. Tu écris l'exercice?

Exercice 9 Un bon mécanicien
Répondez avec *les*.

1. Le mécanicien salue les conducteurs?
2. Il vérifie les phares?
3. Il vérifie les clignotants?
4. Il vérifie les pneus?
5. Il vérifie les roues?

Exercice 10 On répare la voiture.
La voiture de Dominique a été accidentée. Répondez *Oui* aux questions. Employez un pronom.

1. On répare le pare-brise?
2. On remplace la plaque?
3. On remplace les phares?
4. On remplace le volant?
5. On répare le moteur?
6. On remplace les pneus?
7. On remplace le réservoir?
8. On remplace les ceintures?
9. On répare le capot?
10. On répare les clignotants?
11. On essuie la voiture?

Les pronoms compléments directs au négatif

The direct object pronouns **le, la, les** precede the verb in *all* negative sentences, both declarative and imperative.

> **Paul ne le regarde pas.**
> **Vous ne la conduisez pas.**
> **Nous ne les regardons pas.**
>
> **Ne la regarde pas!**
> **Ne le regardons pas!**
> **Ne l'attendez pas!**
> **Ne les attendez pas!**

Exercice 11   Ne l'achète pas!
Lisez le dialogue. Ensuite, répétez le dialogue avec *voitures*.

— Quelle belle voiture! Tu la regardes?
— Oui, je la regarde.
— Tu l'admires?
— Non, je ne l'admire pas.

— Tu la veux?
— Non, je ne la veux pas.
— Alors, ne l'achète pas!

Exercice 12   Personnellement
Répondez. Employez un pronom.

1. Connaissez-vous les autos françaises?
2. Mettez-vous toujours la ceinture de sécurité?
3. Regardez-vous la carte routière quand vous voyagez?
4. Détestez-vous les encombrements?
5. Admirez-vous les agents de police?
6. Respectez-vous les panneaux?
7. Savez-vous le numéro de votre voiture?

Le voici, le voilà

Object pronouns are placed directly before **voici** and **voilà**.

> **Voici ma voiture.**   **La voici.**
> **Voilà le pompiste.**   **Le voilà.**
> **Voilà les cartes.**   **Les voilà.**

Exercice 13   La voilà!
Complétez le dialogue. Employez *voilà* et un pronom.

— Où sont les pompes?
— _____ .

— Et le pompiste?
— _____ .

— Et le mécanicien?
— _____ .

— Bon! Alors je m'arrête.

Prononciation

Les sons *oi* et *oin*

oi	oin
v<u>oi</u>ci	<u>joi</u>nt
v<u>oi</u>ture	p<u>oi</u>nt
ch<u>oi</u>si	bes<u>oi</u>n
pourqu<u>oi</u>	p<u>oi</u>nçonner

Contrastez.

moi	moins
loi	loin
quoi	coin
soi	soin

Pratique et dictée

Cette voiture ne va pas très loin; seulement au coin.
Pourquoi a-t-il besoin de poinçonner le billet?
Assieds-toi avec soin.

Conversation

Le tacot•

(Philippe a acheté une vieille Citroën deux-chevaux (2CV). Est-ce que son cousin Édouard l'admire? Voyons un peu!)

Édouard Alors, c'est ta voiture ça? Elle marche?

Philippe Bien sûr qu'elle marche! On se promène un peu?

Édouard Je ne sais pas. Tu as ton permis de conduire?

Philippe Le voilà! Tout nouveau!•

Édouard Tu as assez d'essence, assez d'huile, assez d'eau?

Philippe Oui! Oui! Et oui!

Édouard Pas de pneu à plat?•

Philippe Bien sûr que non!

Édouard Les clignotants fonctionnent?

Philippe Bien entendu! Mais tu es difficile, toi! Tu viens, oui ou non?

Édouard Dans ce tacot? Jamais de la vie!•

•**Le tacot** *The jalopy*   •**tout nouveau** *brand new*   •**pneu à plat** *flat tire*   •**jamais de la vie!** *not on your life!*

345

Exercice 1   Répondez.

1. Qu'est-ce que Philippe a acheté?
2. Qui est Édouard?
3. Est-ce que la voiture de Philippe marche?
4. Est-ce qu'Édouard accepte tout de suite l'invitation de Philippe?

Exercice 2   Faites une liste.

Édouard veut savoir si _____ .

1.
2.
3.
4.

Exercice 3   Dites pourquoi.

1. Pourquoi Philippe est-il impatient?
2. Pourquoi Édouard refuse-t-il l'invitation de Philippe?

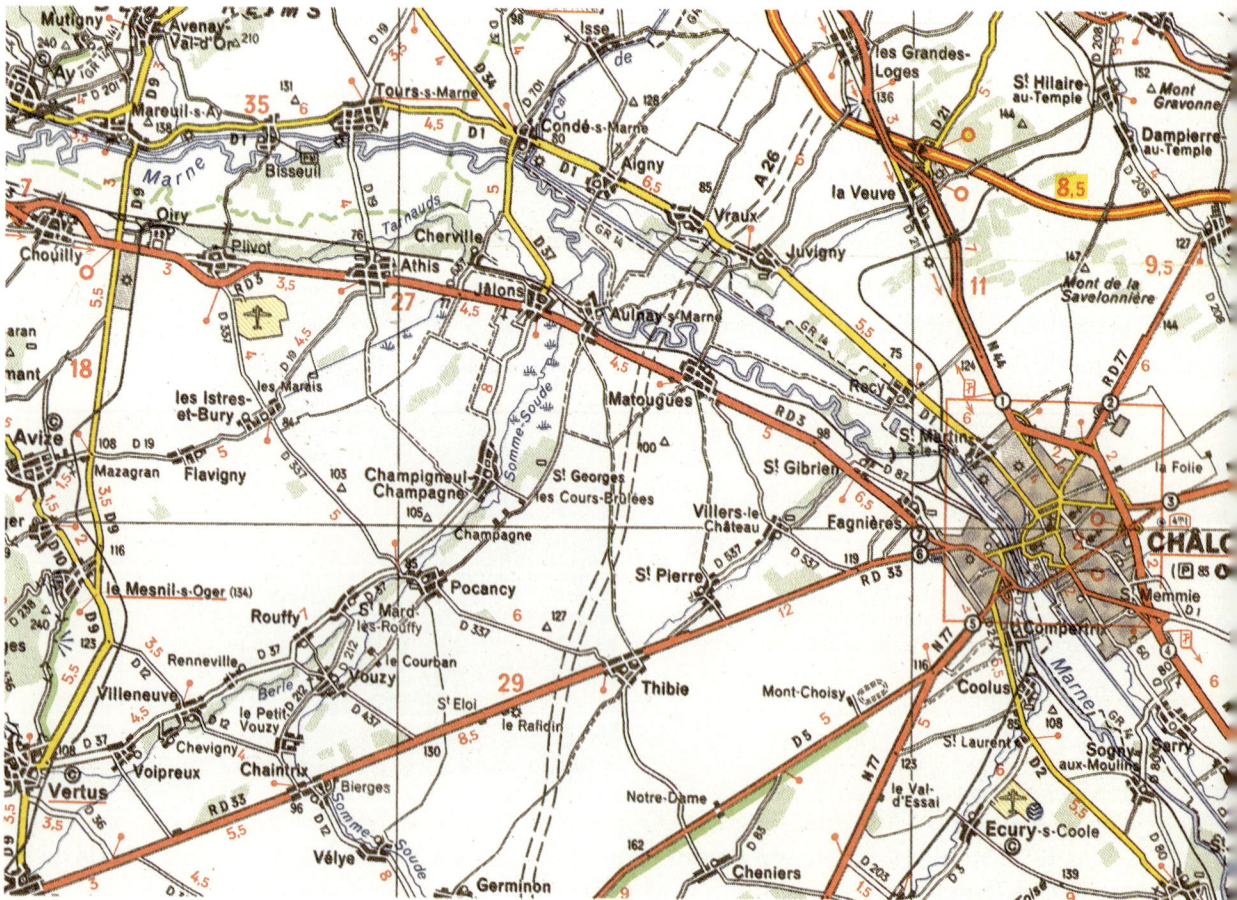

lecture culturelle

Les voilà partis!•

C'est un beau dimanche de juillet. La Météo a prévu• du beau temps pour la journée. Pour éviter• les encombrements à la sortie de Paris la famille Beauchamp se met en route• à huit heures.

— Tout le monde a mis la ceinture de sécurité? Bon!

Et les voilà partis! Ils ne savent pas exactement où ils vont. Ils savent seulement qu'ils cherchent un joli endroit• tranquille dans la campagne. C'est la fête• de Christine* et elle adore les pique-niques.

La circulation est normale d'abord, mais après neuf heures les encombrements commencent. C'est affreux!• On roule à vingt kilomètres à l'heure sur l'autoroute.

— Regarde la carte, Grégoire, veux-tu? Cherche la route départementale qui mène à Châlons-sur-Marne. Tu la vois?

— Oui, papa. Je la vois.

— Attention, Henri! Il y a un virage dangereux! Tu ne vois pas le panneau?

— Mais si, je le vois! Ne t'énerve pas,• chérie! Cette route-ci je la connais comme ma poche.• Ah, voilà une station-service. On s'arrête un instant.

— Mais le pompiste a rempli le réservoir hier quand il a vérifié la pression des pneus. Pourquoi t'arrêtes-tu?

— Calme-toi, chérie! Le moteur chauffe• un peu. C'est tout.

Pendant que M. Beauchamp parle avec le mécanicien, Grégoire promène le chien Bijou, et Mme Beauchamp et Christine regardent les livres et les jouets• qu'on vend à la boutique.

* La fête de sainte Christine est le 24 juillet.

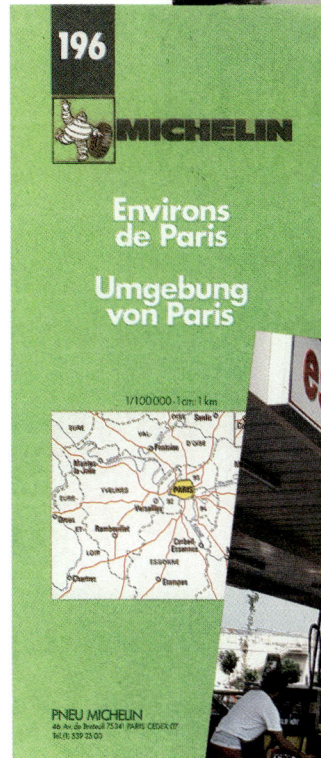

•**les voilà partis!** *they're off!*	•**prévu** *forecast*	•**éviter** *avoid*	•**se met en route** *sets out*
•**l'endroit** *spot*	•**la fête** *saint's day*	•**affreux** *horrible*	•**ne t'énerve pas** *don't get excited*
•**poche** *pocket*	•**chauffe** *is overheating*	•**jouets** *toys*

Heureusement le problème n'est pas grave.

— On a changé l'huile?

— Non, Grégoire. On a mis de l'eau dans le radiateur. Ça marche bien maintenant.

À dix heures vingt on arrive à un carrefour. Le feu est rouge. On s'arrête.

— Ça y est!* crie Christine. Voilà, à gauche, à cinq kilomètres! Écury-sur-Coole! J'adore le nom de ce petit village! On va pique-niquer à Écury-sur-Coole!

Exercice 1 Corrigez.

1. C'est un beau samedi de mai.
2. La Météo a prévu du mauvais temps.
3. La famille Beauchamp se met en route à dix heures.
4. Ils cherchent des encombrements.
5. Il n'est pas nécessaire de mettre la ceinture de sécurité.

Exercice 2 Complétez.

1. Les Beauchamp cherchent un _____ .
2. Ils vont célébrer _____ .
3. Christine adore les _____ .
4. Les encombrements commencent _____ .
5. On roule à _____ .
6. Grégoire cherche _____ .

Exercice 3 Répondez.

1. Pourquoi Mme Beauchamp s'énerve-t-elle?
2. Comment est-ce que M. Beauchamp rassure sa femme?
3. Où vont-ils s'arrêter?
4. Pourquoi s'arrêtent-ils?
5. À la station-service que fait M. Beauchamp?
6. Que fait Grégoire?
7. Que font Mme Beauchamp et Christine?

Exercice 4 Écrivez au moins une phrase sur chaque sujet.

1. le problème avec la voiture
2. le carrefour intéressant
3. la décision de Christine

---

*Ça y est! *That's it!*

348

Activités

1 Dessinez une voiture. Nommez toutes les parties de la voiture.

2 Avec un(e) camarade de classe préparez un dialogue entre un(e) automobiliste et un(e) pompiste ou un mécanicien/une mécanicienne.

Choisissez. Vous avez besoin de:

faire le plein
essence
huile
eau
air pour un pneu à plat
une carte routière
directions pour l'autoroute

3 Décrivez ce que vous voyez dans l'illustration.

galerie vivante

Cette petite voiture est une Citroën deux chevaux. C'est une voiture très populaire qui ne coûte pas très cher.

Et voici une Citroën de grand luxe. C'est une voiture élégante et elle coûte bien sûr beaucoup plus cher que la deux chevaux.

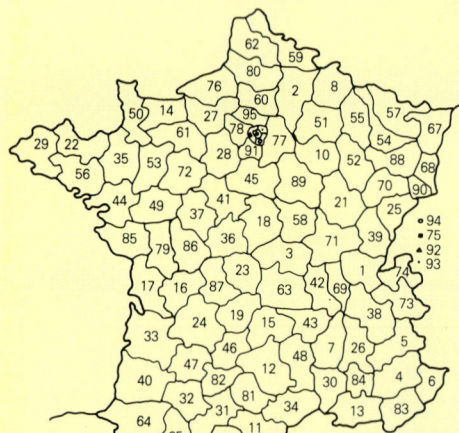

La plaque d'immatriculation est l'identification de la voiture. Quand on vend une voiture, la plaque reste avec la voiture. Les deux derniers chiffres indiquent le département où la voiture est immatriculée. Par exemple:

8·882 ZH75

Soixante-quinze indique la ville de Paris. Voici les numéros des départements français. Regardez la plaque de la grande Citroën sur la photo. De quel département est-elle?

01 Ain		73 Savoie
02 Aisne		74 Savoie (Haute)
03 Allier	26 Drôme	75 Ville de Paris
04 Alpes de Haute-Provence	27 Eure	76 Seine-Maritime
	28 Eure-et-Loir	77 Seine-et-Marne
05 Alpes (Hautes)	29 Finistère	
06 Alpes-Maritimes	30 Gard	78 Yvelines
	31 Garonne (Haute)	79 Sèvres (Deux)
07 Ardèche	32 Gers	80 Somme
08 Ardennes	33 Gironde	81 Tarn
09 Ariège	34 Hérault	82 Tarn-et-Garonne
10 Aube	35 Ille-et-Vilaine	83 Var
11 Aude	36 Indre	84 Vaucluse
12 Aveyron	37 Indre-et-Loire	85 Vendée
13 Bouches-du-Rhône	38 Isère	86 Vienne
	39 Jura	87 Vienne (Haute)
14 Calvados	40 Landes	88 Vosges
15 Cantal	41 Loir-et-Cher	89 Yonne
16 Charente	42 Loire	90 Belfort (Territoire de)
17 Charente-Maritime	43 Loire (Haute)	
	44 Loire-Antlantique	91 Essonne
18 Cher	45 Loiret	92 Hauts-de-Seine
19 Corrèze	46 Lot	93 Seine-Saint-Denis
20 Côte-d'Or	47 Lot-et-Garonne	
22 Côtes-du-Nord	48 Lozère	94 Val-de-Marne
23 Creuse	49 Maine-et-Loire	95 Val-d'Oise
24 Dordogne	50 Manche	
25 Doubs		

Dans cette station-service près de Paris est-ce que le pompiste remplit le réservoir ou est-ce qu'il vérifie l'huile?

Sur les grandes autoroutes en France il est nécessaire de payer un péage. Voici le péage sur l'autoroute A-8 près d'Antibes. Est-ce que nous payons des péages sur nos autoroutes?

24 Une course de bateaux

un bateau à voiles

un marin

une vedette

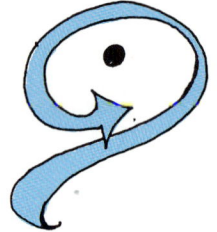
autour

La course **consiste** en trois **étapes**.

Exercice 1   Choisissez.

1. Il y a un moteur dans (une vedette / un bateau à voiles).
2. (Les skieurs / Les marins) savent piloter les bateaux.
3. (Le premier / Le dernier) gagne la course.
4. La course consiste en trois (bateaux / étapes).

Exercice 2   Personnellement.
Répondez.

1. Avez-vous été sur un bateau à voiles?
2. Savez-vous piloter un bateau à voiles?
3. Avez-vous été sur une vedette?
4. Est-ce que vous habitez près d'un lac ou du bord de la mer?
5. Est-ce qu'on organise des courses de bateaux près de chez vous?
6. Avez-vous vu une course de bateaux? Où ça?

Note

The indefinite articles **un, une, des** are omitted after **être** before a noun that indicates profession.

> **Ces hommes sont marins.**
> **Ton oncle est professeur.**
> **Ma mère est journaliste.**

But after **c'est** or **ce sont,** the indefinite article is used.

> **Ce sont des marins.**
> **C'est un pilote.**
> **C'est une ouvrière.**

The indefinite articles are used if there is an adjective modifying the profession.

> **Cette femme est une excellente dentiste.**
> **Son père est un artiste célèbre.**

Some names of professions have masculine and feminine forms. Some have only one form but can be masculine or feminine. Some are always masculine even when they refer to a woman. Review the names of professions you already know.

Masculine and feminine forms	Both masculine and feminine	Masculine only
un ouvrier / une ouvrière	un / une élève	un pilote
un garçon / une serveuse	un / une dentiste	un marin
un marchand / une marchande	un / une journaliste	un professeur
un pâtissier / une pâtissière	un / une artiste	un mannequin
un mécanicien / une mécanicienne	un / une pompiste	
un vendeur / une vendeuse		
un employé / une employée		
un patron / une patronne		

Exercice 3 Comment sont-ils?

Choisissez un adjectif et répétez la phrase avec *C'est* ou *Ce sont*.

riche	pauvre	intelligent, -e
excellent, -e	aimable	brillant, -e
sérieux, -euse	stupide	célèbre

Elle est marchande.
C'est une marchande intelligente.

1. Elle est artiste.
2. Il est professeur.
3. Ils sont mécaniciens.
4. Elle est mannequin.

5. Elles sont journalistes.
6. Il est ouvrier.
7. Elle est serveuse.
8. Ils sont marins.

Structure

Les pronoms compléments directs et indirects
me, te, nous, vous

You have seen the pronouns **me, te, nous,** and **vous** as reflexive pronouns.

Je me lave.   **Nous nous promenons.**
Tu te réveilles.   **Vous vous arrêtez.**

The same pronouns also serve as direct and indirect object pronouns. As you know, a direct object is the receiver of the action of the verb. An indirect object is the indirect receiver of the action. The indirect object can usually be made the object of the preposition *to* or *for,* even if *to* or *for* is not stated. Look at the following sentence:

	Indirect		*Direct*
Subject	*object*	*Verb*	*object*
Mes parents	**me**	**donnent**	**de l'argent.**

My parents give me money. (My parents give money to me.)

In the following sentences, **me, te, nous,** and **vous** are used as direct and indirect object pronouns.

Direct object	Indirect object
Agnès me salue.	Luc me sert un coca.
Agnès te connaît.	Luc te donne sa guitare.
Agnès nous comprend.	Luc nous écrit des lettres.
Agnès vous admire.	Luc vous dit merci.

Me becomes **m'** and **te** becomes **t'** before a vowel.

Elle m'attend.   **Nous t'écoutons.**

Note the liaison with **nous** and **vous.**

Il nous écoute.   **Je vous admire.**

Me, te, nous, and **vous** precede the verb in the negative.

Vous me regardez.
Vous ne me regardez pas.
Ne me regardez pas!

Exercice 1   Marie est sympa!
Marie est votre amie. Répondez.

1. Elle vous invite chez elle?
2. Elle vous aide à faire vos devoirs?
3. Elle vous sert un coca?
4. Elle vous écoute?
5. Elle vous comprend?
6. Elle vous admire?

Exercice 2 Il me regarde!

Lisez le dialogue. Ensuite, répétez le dialogue. Substituez *nous* à *me*.

— Qui est dans le bateau?
— C'est un marin. Pourquoi?
— Il me regarde.
— Pourquoi est-ce qu'il te regarde?
— Je ne sais pas pourquoi il me regarde.
— Ah, je sais! Il te regarde parce qu'il te trouve belle!

Exercice 3 Personnellement

Répondez. Employez un pronom complément, *me* ou *nous*.

1. Est-ce que vos parents vous donnent des conseils?
2. Vos grands-parents vous donnent-ils de l'argent?
3. Vos cousins vous écrivent-ils souvent?
4. Qui vous comprend mieux, votre père ou votre mère?

(Vos camarades de classe et vous)

5. Est-ce que vos profs vous comprennent?
6. Est-ce qu'ils vous respectent?
7. Est-ce qu'ils vous écoutent?
8. Est-ce qu'ils vous donnent de mauvaises notes?

Verbes réfléchis à l'infinitif

Review the forms of the reflexive verbs and the position of the reflexive pronoun.

Tu te réveilles.
Tu ne te réveilles pas.
Est-ce que tu te réveilles?
Ne te réveille pas!
Réveille-toi!

There is another possible meaning for the reflexive construction in the plural.

Ils se regardent.
They look at themselves.

   OR

They look at each other (one another).

The meaning is made clear by the context.

If a reflexive verb is used in the infinitive, the pronoun comes immediately before the infinitive.

Tu vas te réveiller.
Je peux me promener.
Nous voulons nous lever.
Elles savent se maquiller.
Il doit se dépêcher.

Exercice 4 On va se lever?
Lisez la série. Ensuite, répétez la série avec *nous*.

Bon! Je vais me lever et je vais me laver.

Ensuite je vais me maquiller (raser).

Non, je ne veux pas me maquiller (raser) aujourd'hui. Je vais m'habiller.

Est-ce que je peux me promener avant le petit déjeuner?

Oui, je peux me promener.

Je vais m'arrêter un peu au café!

Exercice 5 Personnellement
Répondez.

1. Aimez-vous vous promener avant le petit déjeuner?
2. Mesdemoiselles, savez-vous vous maquiller?
3. Aimez-vous vous lever de bonne heure?
4. Préférez-vous vous coucher tôt ou tard?
5. Devez-vous vous dépêcher pour arriver à l'école à l'heure?

Prononciation   Les consonnes /p/, /t/, /k/

The consonants **p**, **t**, and **k** are similar to the same consonants in English, but not exactly like them. In English, a puff of air is emitted after these sounds, but not in French.

/**p**/	/**t**/	/**k**/
Paris	ta	qui
part	ton	que
pas	tu	car
papa	tes	quel
pain	toi	quand
Paul	tout	quinze
pour	tour	comme
étape	toute	lac
coupe	verte	sac
soupe	partent	grec
jupe	sortent	pic

Pratique et dictée

Papa part pour Paris sans soupe mais avec sa coupe verte.

Tu as tous tes tickets et ta trompette verte?

Qui a quinze sacs grecs?

Conversation

Je t'accompagne avec plaisir!

Arthur Quel joli bateau à voiles! Tu connais le marin?

Anne-Marie Mais oui, je le connais! C'est mon oncle!

Arthur Il t'invite à bord?

Anne-Marie S'il m'invite à bord! Je crois bien qu'il m'invite! C'est le bateau de mon père!

Arthur Sans blague!

Anne-Marie Mais non! Tu veux te promener un peu? Tu m'accompagnes?

Arthur Je t'accompagne avec plaisir!

Exercice 1 Complétez.

1. Arthur admire _____ .
2. Il demande à Anne-Marie si _____ .
3. Elle répond que oui, elle _____ .
4. Elle dit que le marin est son _____ .

Exercice 2 Répondez.

1. Qui est-ce que l'oncle invite à bord?
2. Pourquoi invite-t-il Anne-Marie?
3. Qu'est-ce qu'Anne-Marie demande à Arthur?
4. Est-ce qu'Arthur veut l'accompagner?

ℚecture culturelle

Le tour du monde en solitaire•

Lundi le 9 mai 1983 c'est l'anniversaire de Philippe Jeantot, un marin breton.•
Il a trente et un ans. Comment célèbre-t-il son anniversaire? Il gagne la Course
autour du monde en solitaire à la voile qui a commencé huit mois avant.

Beaucoup de personnes l'attendent quand son bateau, «Crédit Agricole»,• arrive
le premier à Newport (Rhode Island). Dix vedettes qui transportent les amis, les
journalistes, les cameramen de la télévision vont à sa rencontre. Une vedette les
précède avec une seule passagère à bord. C'est Geneviève Jeantot, la mère de
Philippe. La mère et le fils se parlent mais ils ne s'entendent pas. Les bateaux-
pompes• font des geysers autour de Philippe. Dans le ciel un avion traîne• une
longue banderole: «Bon anniversaire».

BON ANNIVERSAIRE

•**en solitaire** *solo* •**breton** *from Brittany* (la Bretagne) •**«Crédit Agricole»** *the boat was
named after the sponsoring bank* •**bateaux-pompes** *fire-boats* •**traîne** *pulls*

358

Le 26 août 1982, dix-sept bateaux quittent Newport pour commencer la première des quatre étapes de la course. («Crédit Agricole», long de dix-sept mètres, a été dessiné et construit spécialement pour cette course.)

Malheureusement, entre Newport et le Cap, Philippe s'aperçoit que son réservoir d'eau potable est vide°—il y a une fuite.° Il y a un peu d'eau dans un bidon,° mais pas assez pour vingt-cinq jours. Il doit se rationner.

Pendant la deuxième étape entre le Cap et Sydney il y a des vagues énormes comme un immeuble de cinq étages. L'eau entre dans le cockpit et une voile est endommagée,° mais Philippe continue.

La troisième étape entre Sydney et Rio de Janeiro est la plus difficile. Une tempête violente endommage le gouvernail.° Philippe doit plonger dans la mer. Il fait les réparations et il gagne l'étape.

Il gagne aussi la dernière étape et il devient le vainqueur. Il a établi un nouveau record du tour du monde en solitaire— quarante-quatre mille kilomètres en 159 jours, deux heures et vingt-six minutes!

°**vide** *empty*   °**fuite** *leak*   °**bidon** *can*   °**endommagée** *damaged*
°**gouvernail** *rudder*

Exercice 1 Choisissez.

1. Philippe Jeantot est _____ .
    a. pilote
    b. mécanicien
    c. marin

2. Il est _____ .
    a. parisien
    b. breton
    c. normand

3. En 1983, il a _____ .
    a. trente et un ans
    b. trente-cinq ans
    c. trente-neuf ans

4. Dans la Course autour du monde Jeantot devient _____ .
    a. le dernier
    b. le solitaire
    c. le vainqueur

5. Son bateau s'appelle _____ .
    a. «Newport»
    b. «Geneviève»
    c. «Crédit Agricole»

Exercice 2 Complétez.

1. Dix _____ vont à la rencontre de Jeantot.
2. Les vedettes transportent _____ .
3. La passagère qui voyage seule est _____ .
4. Philippe et sa mère se parlent, mais ils ne _____ .
5. Les _____ font des geysers autour de Philippe.
6. Un avion traîne une _____ .
7. La banderole dit _____ .

Exercice 3 Répondez.

1. Quand est-ce que la course commence?
2. Combien d'étapes y a-t-il dans la course?
3. Il y a combien de bateaux au départ de la course?
4. De quelle longueur est «Crédit Agricole»?
5. Pourquoi le réservoir d'eau est-il vide?
6. Où est-ce qu'il y a un peu d'eau?
7. Qu'est-ce qui est endommagé?

Activités

1 Tracez la route de «Crédit Agricole» sur un globe terrestre.

2 Composez une phrase d'après chaque illustration.

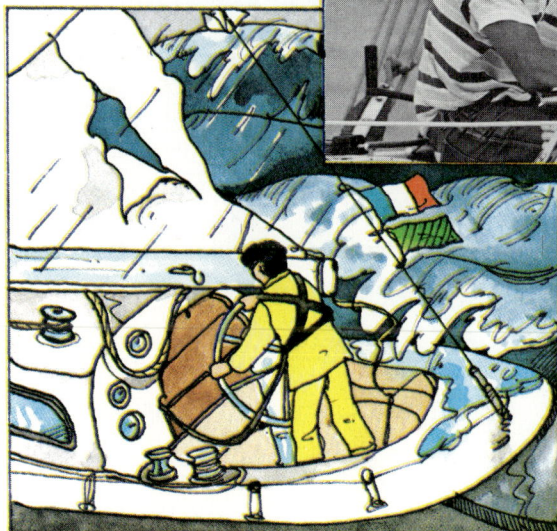

galerie vivante

Il y a beaucoup
de bateaux à voile sur
la Côte d'Azur.

Les amis traversent la
baie de Nice dans leur
bateau à moteur.

Les copains s'amusent
bien sur un bateau à voile en Corse.

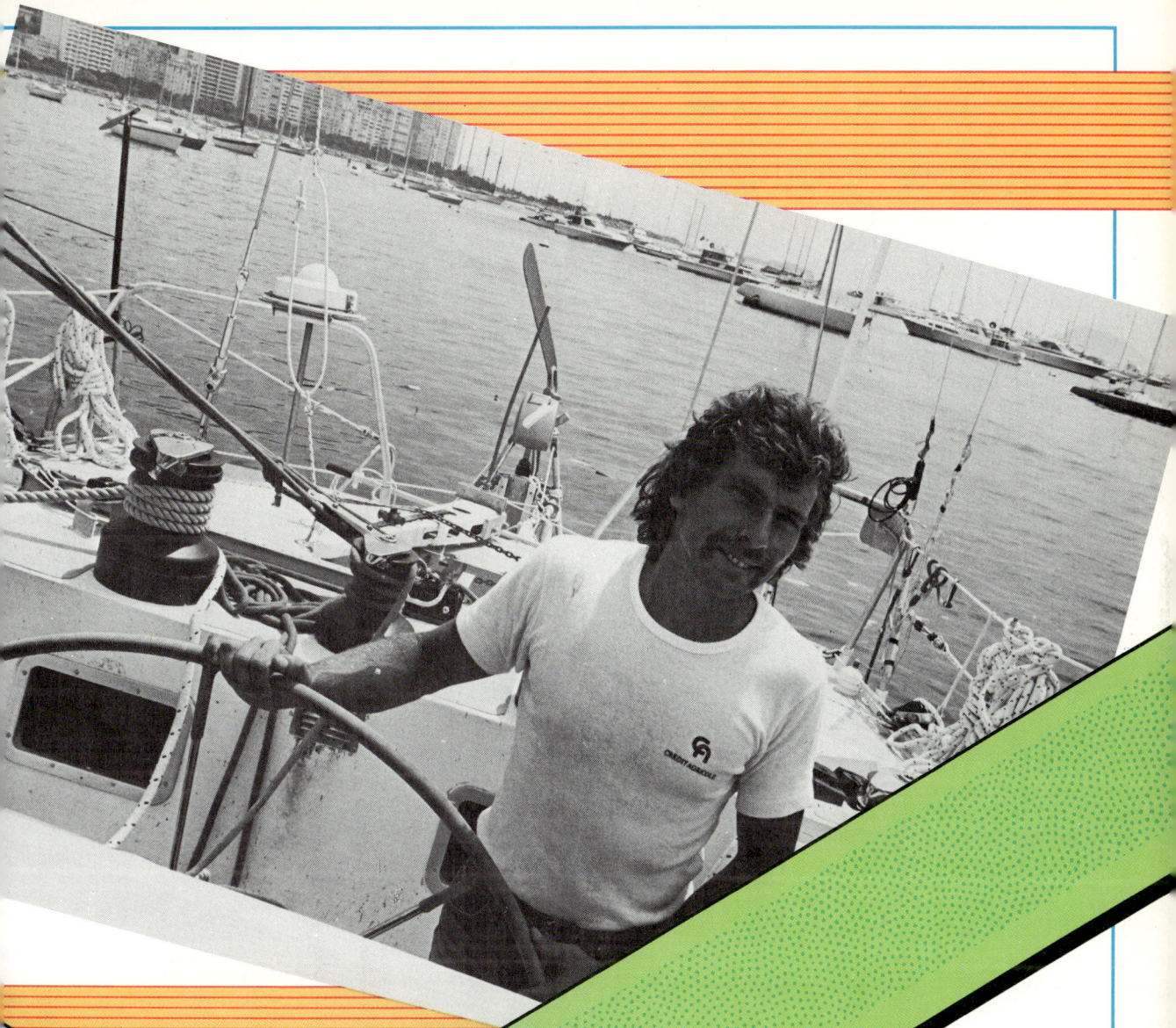

Le 5 mars, 1983, Philippe Jeantot arrive à Rio de Janeiro. Il est le premier dans la course autour du monde en solitaire à arriver à Rio. À Rio il a mangé un steak après 48 jours de mer.

Révision

Jean-Michel a faim

Bruno se réveille à six heures. Il se lève vite, il se lave et il se rase. Ensuite il réveille son petit frère.

— Lève-toi, Jean-Michel! Il est tard, dit-il. Je vais m'habiller et partir. Ne te rendors pas!

Malheureusement Jean-Michel se rendort. Quand il descend enfin, sa mère l'attend avec impatience.

— Dépêche-toi, Jean-Michel! Il est tard! Tu ne vas pas t'admirer longtemps ce matin. Tu ne vas pas t'amuser avec ton chien. Tu ne vas pas t'arrêter chez Paul. Tu dois aller vite à l'école.

Et le pauvre Jean-Michel part sans son petit déjeuner!

Exercice 1   Je me réveille...
C'est Bruno qui parle. Complétez.

Je _____ à six heures. Je _____ vite, je _____ et je _____ . Ensuite je _____ mon petit frère.

Exercice 2   Que fait Jean-Michel?
Complétez.

Il ne _____ pas tout de suite.

Il se _____ .

Enfin il _____ .

Il doit _____ , dit sa mère.

Ce matin il ne va pas _____ , il ne va pas _____ et il ne va pas _____ .

Les verbes réfléchis

The action of a reflexive verb is reflected back on the subject.

Je me lave.   *I wash (myself).*

Infinitive	se laver
Present tense	je me lave
	tu te laves
	il/elle se lave
	nous nous lavons
	vous vous lavez
	ils/elles se lavent

The reflexive object pronoun comes before the verb except in affirmative commands.

> **Il ne se lave pas.**
> **Est-ce qu'il se lave?**
> **Se lave-t-il?**
> **Ne te lave pas!**
> **Il va se laver.**

In affirmative commands, the pronoun follows the verb and is attached to it by a hyphen.

> **Lave-toi!**
> **Amusez-vous bien!**

Exercice 3   Comment s'appelle-t-elle?

Lisez l'histoire. Ensuite, répétez l'histoire avec *ces filles-là; Francine et Noëlle.*

Comment s'appelle <u>cette fille-là?</u> Elle s'appelle Francine. Francine va à la plage du camping. Elle se demande si elle va s'ennuyer. Mais elle ne s'ennuie pas. Elle ne se trouve jamais seule. Elle se promène avec des amis, elle nage et elle bronze. Elle s'amuse bien!

Les pronoms compléments *le, la, les*

The direct object pronouns **le** (*him, it*), **la** (*her, it*), and **les** (*them*) precede the verb. Before a vowel, **le** and **la** become **l'**. Remember the liaison with **les**.

Je vois le pompiste.	**Je le vois.**
Il regarde l'auto.	**Il la regarde.**
Nous lisons les panneaux.	**Nous les lisons.**
Vous aimez la Renault.	**Vous l'aimez.**
Tu admires les statues.	**Tu les admires.**

Exercice 4 En panne

Lisez l'histoire et répondez aux questions. Employez un pronom.

La voiture de Jean-Marc est en panne. Il va à la station-service et il cherche le mécanicien. Il voit les pompistes. Il voit les autres clients. Mais il ne voit pas le mécanicien. Ah! Le voilà. Il est derrière un tacot.

1. Qui cherche le mécanicien?
2. Voit-il les pompistes?
3. Voit-il les autres clients?
4. Voit-il le mécanicien?
5. Où est-ce qu'il trouve le mécanicien?

Exercice 5 Où se trouve...?
Complétez la conversation.

— Pardon, où se trouve la cabine téléphonique?
— Vous voyez la porte d'entrée?
— Oui, je _____ vois.
— Et vous voyez la caisse là-bas?
— Non, je ne _____ vois pas. Ah, si! _____ voilà.
— Et vous voyez le rayon des chaussures à gauche de la caisse?
— Oui, je _____ vois.
— Bon. La cabine téléphonique n'est pas loin. Vous allez _____ trouver derrière le rayon des chaussures.

Les pronoms compléments *me, te, nous, vous*

Me, te, nous, and **vous,** whch you have seen as reflexive object pronouns, also serve as direct and indirect object pronouns.

Direct object	Indirect object
Marc me regarde.	Marc me donne un coca.
Il te salue.	Il te vend sa moto.
Elle nous aime.	Elle nous achète des bonbons.
Je vous admire.	Je vous écris une longue carte.

Remember that **me** and **te** become **m'** and **t'** before a vowel.

Elle m'écrit.   **Il t'aime.**

Don't forget the liaison with **nous** and **vous** before a vowel.

Exercice 6 Qui t'écrit?
Complétez.

Madeleine Voilà une lettre pour toi, Claudette. Qui _____ écrit?
Claudette C'est mon ami Georges qui _____ écrit.
Madeleine Qu'est-ce qu'il _____ dit?
Claudette Il _____ invite à l'accompagner à la fête.
Madeleine Il _____ invite à la fête? Je ne le comprends pas. Il a déjà invité Suzanne!

Exercice 7 Personnellement

Répondez. Employez le pronom *me*.

1. Est-ce que vos parents vous donnent de l'argent?
2. Est-ce que vos amis vous téléphonent souvent?
3. Est-ce qu'ils vous invitent à toutes les fêtes?
4. Quel prof vous comprend bien?

Employez le pronom *nous*.

5. Est-ce qu'on vous donne beaucoup de devoirs à faire?
6. Est-ce que vos profs vous aident?
7. Est-ce que l'école secondaire vous prépare pour la vie? Pour l'université?

Verbes avec changements d'orthographe

Verbs like **manger** and **commencer** add an **e** or a cedilla to the **nous** form in order to maintain the soft **g** and **c** sound of the other forms.

mangeons   **commençons**

Appeler and **jeter** double the consonant in the **je, tu, il/elle,** and **ils/elles** forms.

Infinitive	appeler	jeter
Present tense	j'appelle	je jette
	tu appelles	tu jettes
	il/elle appelle	il/elle jette
	nous appelons	nous jetons
	vous appelez	vous jetez
	ils/elles appellent	ils/elles jettent

Mener and **acheter** take a grave accent in all forms except the **nous** and **vous** forms.

Infinitive	mener	acheter
Present tense	je mène	j'achète
	tu mènes	tu achètes
	il/elle mène	il/elle achète
	nous menons	nous achetons
	vous menez	vous achetez
	ils/elles mènent	ils/elles achètent

Exercice 8   Où mène ce chemin?

Lisez le dialogue. Ensuite, répétez le dialogue. Changez les mots soulignés au pluriel. Faites tous les changements nécessaires.

— Où mène ce chemin?
— Ce chemin? Il mène au lac.
— Tu te promènes là-bas?
— Oui, je commence mes vacances aujourd'hui. Je me promène toujours près du lac.
— Tu nages dans ce lac?
— Ah oui, je nage dans ce lac tous les jours. C'est chouette!
— Tu apportes des sandwiches avec toi?
— Oui, je mange un sandwich et je jette du pain aux poissons.

D'autres verbes irréguliers: *s'asseoir, connaître, conduire*

Review the forms of **s'asseoir, connaître, conduire.**

Infinitive	s'asseoir	connaître	conduire
Present tense	je m'assieds	je connais	je conduis
	tu t'assieds	tu connais	tu conduis
	il/elle s'assied	il/elle connaît	il/elle conduit
	nous nous asseyons	nous connaissons	nous conduisons
	vous vous asseyez	vous connaissez	vous conduisez
	ils/elles s'asseyent	ils/elles connaissent	ils/elles conduisent

Exercice 9   Lisette s'assied...

Complétez avec la forme convenable du verbe donné.

A. s'asseoir

Lisette _____ toujours à côté de Robert, et Robert _____ derrière Paul. Nous _____ à gauche de la fenêtre. Et vous, où est-ce que vous _____ ?

B. conduire

Ton père _____ bien, n'est-ce pas? Et ta mère, _____ -elle aussi bien que ton père? Est-ce que tes grands-parents _____ en ville? Ma sœur et moi, nous _____ seulement pendant le week-end. Quelle joie!

C. Choisissez *savoir* ou *connaître*.

Tu _____ mon cousin, n'est-ce pas? Il _____ jouer au tennis, mais il ne _____ pas jouer au foot. Tu _____ , n'est-ce pas, qu'au Canada on joue très bien au hockey sur glace. Mon cousin _____ tous les joueurs célèbres.

368

ℒecture culturelle

supplémentaire
Le canal du Midi

Le Canal du Midi

Beaucoup de personnes ne savent pas que la France a tout un système de canaux pour la navigation. Le canal du Midi, long de 240 kilomètres, relie* l'océan Atlantique et la mer Méditerranée. Il va de Toulouse jusqu'à Agde. On a commencé la construction du canal en 1666. Entre 10 000 à 12 000 ouvriers ont travaillé pendant quatorze ans sur le canal.

Aujourd'hui il y a peu de trafic commercial. Mais un voyage touristique en péniche* est très agréable!

Exercice   Répondez.

1. Qu'est-ce que le canal du Midi relie?
2. Quelles villes est-ce que le canal relie?
3. Quand a commencé la construction du canal?
4. Quand est-ce qu'on a fini le canal?
5. Combien d'ouvriers ont travaillé sur le canal?
6. Est-ce qu'on peut faire un voyage sur le canal?

---

*relie *links*   *péniche *barge*

369

Lecture culturelle

supplémentaire
Les grandes vacances

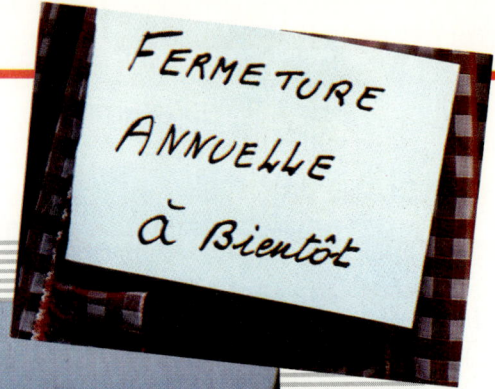

FERMETURE
ANNUELLE
à Bientôt

Incroyable mais vrai! Au mois d'août il y a très peu de Parisiens à Paris! On a l'impression que tous les Français sont en vacances en même temps! On voit partout des écriteaux• qui disent «Fermeture• annuelle». Cela veut dire que la boutique, le magasin, l'usine sont fermés pour les vacances.

Mais où est-ce que les Français passent leurs vacances? Quelques-uns partent à l'étranger, mais la majorité restent en France. Ils vont au bord de la mer ou à la campagne.• Plus de 20 pour cent font du camping. Beaucoup sont invités chez des parents• ou des amis.

Exercice   Corrigez.

1. Le mois préféré des vacances est septembre.
2. En août tous les Parisiens restent à Paris.
3. Si le magasin est fermé pour les vacances, on voit un écriteau qui dit «Fermé le dimanche».
4. Pour leurs vacances, la majorité des Français vont à l'étranger.
5. Très peu de Français font du camping.

•**écriteaux** *signs*   •**Fermeture** *Closing*   •**campagne** *country*   •**parents** *(here) relatives*

370

Lecture culturelle

supplémentaire
Des cafés célèbres

Le Café de la Paix est probablement le café le plus fameux de Paris. Il est situé sur le boulevard des Capucines au coin de la place de l'Opéra. Presque tous les touristes qui visitent Paris s'asseyent à la terrasse de ce café. On rencontre ici des représentants de toutes les provinces françaises et de toutes les nations du monde. C'est un vrai rendez-vous international!

Sur la Rive gauche de la Seine, tout près de l'Église Saint-Germain-des-Prés, se trouvent des cafés célèbres dans la littérature. Assis à la terrasse de ces cafés, des écrivains français et étrangers ont trouvé l'inspiration. Les cafés les plus célèbres sont le café des Deux Magots et le café de Flore.

Quand on pense au café de Flore, on pense à Jean-Paul Sartre, philosophe et écrivain français, né à Paris en 1905. C'est au café de Flore que Sartre a passé beaucoup de temps et a élaboré la doctrine philosophique de l'existentialisme. Il a écrit des romans, des drames et des essais sur cette philosophie.

Exercice Répondez.

1. Quel est le café le plus fameux de Paris?
2. Où est-il situé?
3. Qui est-ce qu'on rencontre au Café de la Paix?
4. Où sont situés le café des Deux Magots et le café de Flore?
5. Pourquoi sont-ils célèbres?
6. Quel philosophe a passé beaucoup de temps au café de Flore?
7. Pour quelle doctrine de philosophie est-il fameux?

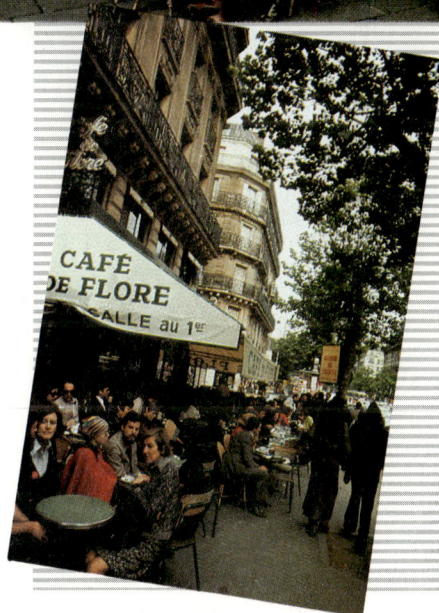

25 À la poste

l'enveloppe (f)

le timbre

le destinataire

Mlle Sylvie Martin
14, rue de Vaugirard
91370 Verrières

le code postal

Claudine Dupont
39, av. de Vignon
75009 Paris

le nom
l'expéditeur (m)

l'adresse (f)

le facteur

la postière

le courrier

la boîte
aux lettres

TIMBRES   TÉLÉGRAMMES

le colis

la carte postale

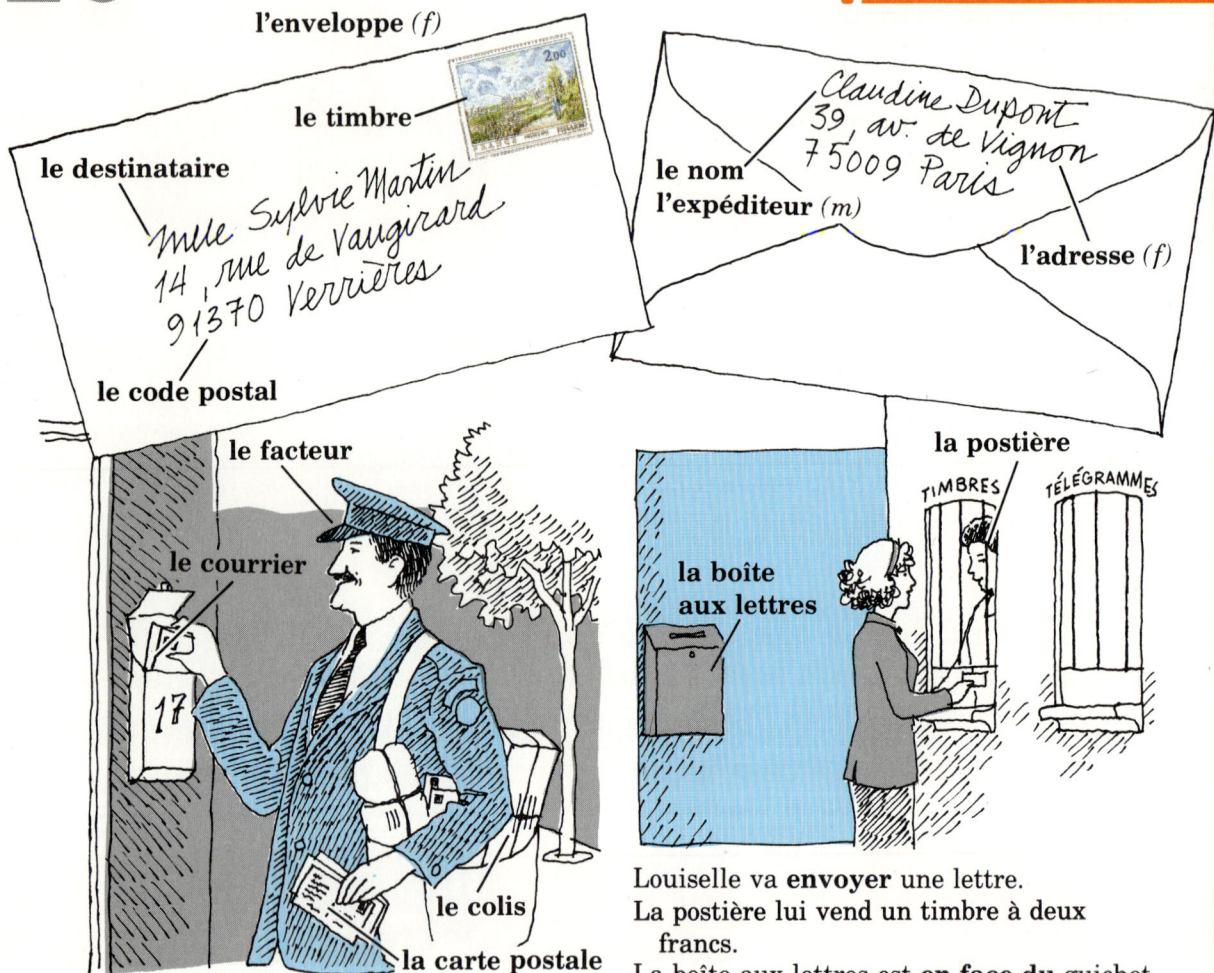

Le facteur **distribue** le courrier.

Louiselle va **envoyer** une lettre.
La postière lui vend un timbre à deux
francs.
La boîte aux lettres est **en face du** guichet
marqué «télégrammes».

Exercice 1   Dans chaque groupe, choisissez le mot qui ne va pas
avec les autres.

1. adresse   guichet   nom   code postal
2. timbre   postière   expéditeur   destinataire
3. courrier   lettre   ville   carte postale
4. franc   facteur   postière   poste
5. envoyer   distribuer   précéder   expédier
6. colis   paquet   enveloppe   expéditeur

Exercice 2 Complétez.

1. La fille va envoyer une _____ .
2. La postière lui vend un _____ .
3. Le guichet marqué «télégrammes» est en face de _____ .
4. Le nom et l'adresse de l'expéditeur sont sur _____ .
5. Le facteur distribue _____ .

Exercice 3 Personnellement
Répondez.

1. Préférez-vous envoyer des lettres ou des cartes postales?
2. À qui écrivez-vous?
3. Combien de postiers/postières est-ce qu'il y a dans la poste de votre ville?
4. Est-ce qu'il y a une boîte aux lettres près de chez vous?
5. Quel est le code postal de votre ville?
6. Quel est le prix d'un timbre pour une lettre par courrier ordinaire? Pour une lettre par avion? Pour une carte postale?
7. Quel est le jour de la semaine où le facteur ne distribue pas de courrier?

Note

Les adjectifs en *-el, -elle*

You have learned that some adjectives ending in **-n** in the masculine singular, have a double **n** in the feminine form.

Il est canadien.
Elle est canadienne.

Some adjectives ending in **-el** in the masculine, have a double **l** in the feminine form.

Ce cadeau est personnel.
Cette lettre est personnelle.

Both forms are pronounced the same.
Other adjectives like **personnel** are listed below.

artificiel	**éternel**
continuel	**naturel**
cruel	**traditionnel**

Exercice 4 Personnellement
Répondez.

1. Préférez-vous l'architecture moderne ou traditionnelle?
2. Sur quelles montagnes est-ce que les neiges sont éternelles?
3. Préférez-vous les fleurs (*flowers*) artificielles ou naturelles?
4. Est-ce que les dictateurs sont toujours cruels?
5. Où mettez-vous vos objets personnels?

Structure

Les pronoms compléments indirects: *lui, leur*

Lui (*him, her*) and **leur** (*them*) are indirect object pronouns and function like **me, te, nous,** and **vous** when used as indirect object pronouns. They are placed before the verb in the present tense in both the affirmative and the negative. They are also placed before the verb in the negative imperative.

Je donne la lettre <u>au facteur</u>.	Je <u>lui</u> donne la lettre.
Je ne donne pas le colis <u>au facteur</u>.	Je ne <u>lui</u> donne pas le colis.
La postière donne des timbres <u>aux clients</u>.	La postière <u>leur</u> donne des timbres.
La postière ne donne pas d'enveloppes <u>aux clients</u>.	La postière ne <u>leur</u> donne pas d'enveloppes.
Ne répondez pas <u>à Jean</u>.	Ne <u>lui</u> répondez pas.
Ne dites pas «tu» <u>à vos profs</u>.	Ne <u>leur</u> dites pas «tu».

Exercice 1   Paul veut écrire une lettre.
Suivez le modèle.

Je donne une enveloppe **à Simone**.
Je lui donne une enveloppe.

1. Je donne un timbre **à Paul**.
2. Marcelle donne une enveloppe **à Paul**.
3. Geneviève donne du papier **à Paul**.
4. Gilbert donne un stylo **à Paul**.
5. Véronique donne un dictionnaire **à Paul**.
6. Laurent dit la date **à Paul**.
7. Pauline donne **à Paul** l'adresse du destinataire.
8. Simon dit **à Paul** de ne pas oublier le code postal.
   Maintenant Paul peut écrire la lettre!

Exercice 2   Une postière
Lisez le paragraphe et répondez aux questions.

Mme Frangel est postière. À la poste elle vend des timbres aux clients. Elle leur montre des timbres commémoratifs. Elle leur dit le prix des timbres. Elle leur dit le prix d'une lettre par avion et par poste ordinaire. Elle leur vend aussi des cartes postales.

1. Qu'est-ce que Mme Frangel vend aux clients?
2. Qu'est-ce qu'elle leur montre?
3. Qu'est-ce qu'elle leur dit?
4. Est-ce qu'elle leur vend des cartes postales?

Exercice 3　À la poste
Lisez le paragraphe et répondez aux questions.

Barbara dit bonjour à la postière. Elle lui demande trois timbres à un franc vingt. La postière lui donne les trois timbres. Barbara lui donne un billet de cinq francs. La postière lui rend un franc quarante. Barbara lui dit merci.

1. À qui est-ce que Barbara dit bonjour?
2. Qu'est-ce qu'elle lui demande?
3. Qu'est-ce que la postière lui donne?
4. Qu'est-ce que Barbara lui donne?
5. Qu'est-ce que la postière lui rend?
6. Qu'est-ce que Barbara lui dit?

Exercice 4　Elle ne demande pas ça.
Répétez le paragraphe de l'exercice 2 au négatif.

Exercice 5　Personnellement
Répondez avec *lui* ou *leur*.

1. Quand écrivez-vous à vos grands-parents?
2. Qu'est-ce que vous donnez à votre mère pour la Fête des Mères?
3. Qu'est-ce que vous donnez à votre père pour son anniversaire?
4. Quand écrivez-vous à vos cousins?
5. Quand téléphonez-vous à vos amis?
6. Répondez-vous correctement à votre prof de français?
7. Montrez-vous vos lettres personnelles à vos amis?
8. Demandez-vous de l'argent à votre ami (amie)?

Exercice 6　Ne lui demandez pas...
Suivez le modèle.

Ne donne pas le colis **au facteur.**
Ne lui donne pas le colis.

1. Ne demandez pas le courrier **au facteur.**
2. Ne parlez pas **au facteur** pendant qu'il travaille.
3. Ne donnez pas cette lettre **au facteur.**
4. Ne lisez pas cette lettre **aux Bretonnes.**
5. Ne montrez pas ces cartes postales **aux Bretonnes.**
6. N'envoyez pas ces photos **aux Bretonnes.**

Le verbe *envoyer*

The oral forms of the verb **envoyer** (*to send*) are regular. The written forms have regular **-er** verb endings, but the **y** becomes **i** in the **je, tu, il/elle,** and **ils/elles** forms.

Infinitive	envoyer
Present tense	j'envoie
	tu envoies
	il/elle envoie
	nous envoyons
	vous envoyez
	ils/elles envoient

The past participle is regular.

As-tu envoyé la lettre à Georges?

Like **envoyer** are:

appuyer	*to lean on, to push*	**nettoyer**	*to clean*
essuyer	*to wipe*	**essayer**	*to try, to try on*
employer	*to use*	**payer**	*to pay for, to pay*

Verbs ending in **-ayer,** such as **essayer** and **payer,** may keep the **y** throughout. Both forms are correct.

Elle $\left\{ \begin{array}{l} \textbf{essaie} \\ \textbf{essaye} \end{array} \right\}$ **la robe.**

Je $\left\{ \begin{array}{l} \textbf{paie} \\ \textbf{paye} \end{array} \right\}$ **les trois timbres.**

Exercice 7   Nous envoyons une lettre...
Suivez le modèle.

Nous envoyons une carte postale.
J'envoie une carte postale.

1. Nous envoyons une lettre à notre amie bretonne, et elle nous invite chez elle.
2. Nous appuyons sur le bouton et elle arrive.
3. Nous nous essuyons les pieds et nous entrons.
4. Nous essayons des robes et nous les payons.
5. Nous envoyons nos amies chez la Bretonne.

Les pronoms relatifs *qui* et *que*

You have seen that the relative pronoun **qui** (*who, which, that*) may refer to people or things. It joins two short sentences into a longer one. It is always the subject of the clause it introduces.

> **Je vois la postière. La postière travaille ici.**
> **Je vois la postière qui travaille ici.**

> **Voilà une rue. La rue mène à la poste.**
> **Voilà la rue qui mène à la poste.**

The relative pronoun **que** (*whom, that, which*) may also refer to people or things. It, too, is used to join two short sentences into a longer one, but **que** is the *direct object* of the clause it introduces.

> **La femme est bretonne. Nous admirons la femme.**
> **La femme que nous admirons est bretonne.**   *The woman (whom) we admire is Breton.*

> **Le colis est grand. Vous envoyez le colis.**
> **Le colis que vous envoyez est grand.**   *The package (that) you are sending is large.*

Note that *whom* or *that* may sometimes be omitted in English but **que** is *never* omitted in French.

Exercice 8   Le village que nous visitons...
Faites une seule phrase de chaque paire. Employez *que*.

1. Le village est breton. Nous visitons le village.
2. Nous buvons le cidre. La Bretonne nous sert le cidre.
3. Voilà les sandwiches. Vous voulez les sandwiches.
4. La Bretonne porte une robe traditionnelle. Nous aimons beaucoup cette robe.
5. Les traditions sont vieilles. Nous admirons ces traditions.

Prononciation

Initial sound	Between vowels	After a consonant	Final sound
le	voilà	plaît	il
la	village	bleu	ils
les	police	classe	ville
long	couleur	claire	table
longue	aller	blond	double

Pratique et dictée

Voilà le village où Paul a laissé les enveloppes.
Ils lisent la longue lettre de l'agent de police de la ville.
Claire, la blonde aux cheveux longs, a mis le pull bleu sur la table.

Conversation

Vingt-deux cartes postales!

Christophe	Tu as vu le facteur?
Françoise	Pas encore. Ah, le voilà justement!
Christophe	Comment! Pas de courrier pour moi? C'est bizarre!
Françoise	Pour toi, mon petit frère? De qui donc?
Christophe	De mon amie algérienne.
Françoise	Mais tu ne lui écris pas!
Christophe	De mes cousins de Bretagne ou de Suisse, alors.
Françoise	Tu ne leur envoies jamais de lettre.
Christophe	Patience! Patience! Tu vas voir le courrier que je vais recevoir. J'ai écrit vingt-deux cartes postales ce week-end!

Exercice 1   Corrigez.

1. Christophe est le mari de Françoise.
2. Les jeunes gens attendent le postier.
3. Il y a beaucoup de lettres pour Christophe.
4. Christophe n'est pas surpris.

Exercice 2   Répondez.

1. Christophe attend des lettres de qui?
2. D'après Françoise pourquoi ne reçoit-il pas de lettres d'Algérie?
3. Où habient les cousins de Christophe?
4. Est-ce qu'il leur envoie beaucoup de lettres?
5. Pourquoi Christophe est-il sûr de recevoir beaucoup de courrier?

ℒecture culturelle

Deux touristes en Bretagne

Louiselle, une jeune Canadienne, passe le mois d'août chez Claudine, sa cousine parisienne. Les jeunes filles ont décidé de visiter la Bretagne, région que Louiselle ne connaît pas. Les voici maintenant à Sainte-Anne-d'Auray où elles vont assister à un pardon, une fête bretonne traditionnelle.

Louiselle   Tu sais, Claudine, que j'ai écrit des cartes postales hier soir. Je dois acheter des timbres.

Claudine   Tu peux acheter des timbres au bureau de tabac mais si tu veux bien, allons à la poste parce que je dois téléphoner à mes parents pour leur dire que nous rentrons samedi soir.

Louiselle   D'accord. Mais dépêchons-nous! La procession religieuse commence de l'église• à deux heures, n'est-ce pas?

● Un pardon

Auray

•**église**   *church*

380

Claudine	Ne t'inquiète pas!*• La poste n'est pas loin. Combien de timbres vas-tu acheter?
Louiselle	Voyons! J'ai deux lettres par avion et huit cartes postales par poste ordinaire.
Claudine	À qui as-tu écrit?
Louiselle	À mes parents, bien entendu. Et à mes grands-parents. Je leur ai raconté notre visite à la jolie plage de La Baule. J'ai écrit aussi à mon prof d'histoire. Je lui envoie une carte postale de Carnac.•* Il s'intéresse beaucoup aux monuments préhistoriques qu'on trouve en Bretagne. Les autres cartes postales sont pour mes amis. Et tes parents, tu ne leur écris pas quand tu voyages?

La Baule

Carnac

Claudine	Mais si, je leur écris! Je leur téléphone aussi. Voilà la poste! Tu vois: Postes et télécommunications?
Louiselle	Bon! Alors, tu téléphones à tes parents pendant que j'achète des timbres.
Claudine	D'accord, mais dépêchons-nous! J'entends déjà les accordéons et les binious!•

Un biniou

•**ne t'inquiète pas!** *don't worry!*   •**Carnac** *region of Brittany containing over 3,000 prehistoric*
monuments of huge rocks (dolmens)   •**accordéons, binious** *instruments traditionnels bretons*

Exercice 1 Complétez.

Louiselle, la _____ de Claudine, est _____ . Elle passe un _____ chez Claudine. Louiselle ne connaît pas _____ . Les filles vont assister à _____ .

Exercice 2 Répondez.

1. Qu'est-ce que Louiselle a écrit?
2. Que doit-elle acheter?
3. Où peut-on acheter des timbres?
4. Pourquoi est-ce que les filles doivent se dépêcher?
5. Qui s'inquiète?
6. Combien de timbres est-ce que Louiselle va acheter?
7. À qui a-t-elle écrit?
8. Qui téléphone à ses parents? Qu'est-ce qu'elle leur dit?
9. Pendant que Claudine leur téléphone, que fait Louiselle?

Exercice 3 Identifiez.

1. La Baule
2. Carnac
3. les binious et les accordéons

Activités

Chère Maman,
Nous voilà enfin à
La Baule ! Quelle
magnifique plage ! Le
sable est fin et
jaune. Demain on
va visiter Carnac.
    Je t'embrasse,
        Claudine

Mme Jeanne Dupont
39, av. de Vignon
75009 Paris

1 Lisez la carte postale.

Maintenant, écrivez une carte postale à un ami ou une amie:

> Mon cher _____ ,
> Ma chère _____ ,

- Dites que vous êtes à Carnac.
- Dites que les monuments préhistoriques sont magnifiques.
- Dites que demain vous allez assister à un pardon.

- Pour finir, choisissez:

> **Bien amicalement à toi,**
> **Bien à toi,**
> **Amitiés,**
> **Je t'embrasse (affectueusement),**
> **Bien affectueusement,**

- Signez votre nom.
- Écrivez le nom et l'adresse du destinataire. (N'oubliez pas le code postal.)

2 Écrivez une lettre.

- Écrivez le nom de la ville et la date.
- Commencez avec

  Cher ami (Chère amie),

  ou **Mon cher _____ ,**

  Ma chère _____ ,

- Écrivez deux ou trois phrases sur vos activités pendant le week-end (pendant les vacances).
- Terminez la lettre. (Choisissez une des formules de l'activité 1.)

3 Une discussion

- Collectionnez-vous les timbres?
- Connaissez-vous une personne qui les collectionne?
- Avez-vous vu un album de timbres?
- Appréciez-vous les timbres commémoratifs?

4 Décrivez ce que vous voyez dans l'illustration.

galerie vivante

Qu'est-ce que vous préférez envoyer à vos amis? Vous leur envoyez des cartes postales, des lettres, ou des aérogrammes?

RÉPUBLIQUE FRANÇAISE

POSTES 1983

DURRENS

Carlina flore rubente, patulo
CARLINE

1,00

PAR AVION

0,20 RÉPUBLIQUE FRANÇAISE

1783–1983
Bicentenaire
de l'Air et de
l'Espace

3,10 RÉPUBLIQUE FRANÇAISE

AÉROGRAMME

M

La joile plage de la Baule en Bretagne:
remarquez les immeubles modernes où
les gens en vacances peuvent habiter.

La Bretagne est une région
de contrastes. Ici des femmes
qui portent des coiffes bretonnes
font de la dentelle. La dentelle
bretonne est exquise.

Verbs

Regular Verbs

	parler	**finir**	**vendre**
	to speak	*to finish*	*to sell*
Imperative	parle	finis	vends
	parlons	finissons	vendons
	parlez	finissez	vendez
Present	je parle	je finis	je vends
	tu parles	tu finis	tu vends
	il parle	il finit	il vend
	nous parlons	nous finissons	nous vendons
	vous parlez	vous finissez	vous vendez
	ils parlent	ils finissent	ils vendent
Passé Composé	j'ai parlé	j'ai fini	j'ai vendu
	tu as parlé	tu as fini	tu as vendu
	il a parlé	il a fini	il a vendu
	nous avons parlé	nous avons fini	nous avons vendu
	vous avez parlé	vous avez fini	vous avez vendu
	ils ont parlé	ils ont fini	ils ont vendu

Verbs with Spelling Changes

acheter[1]	**appeler**	**commencer**
to buy	*to call*	*to begin*
j'achète	j'appelle	je commence
tu achètes	tu appelles	tu commences
il achète	il appelle	il commence
nous achetons	nous appelons	nous commençons
vous achetez	vous appelez	vous commencez
ils achètent	ils appellent	ils commencent

envoyer[2]	**jeter**	**manger**
to send	*to throw*	*to eat*
j'envoie	je jette	je mange
tu envoies	tu jettes	tu manges
il envoie	il jette	il mange
nous envoyons	nous jetons	nous mangeons
vous envoyez	vous jetez	vous mangez
ils envoient	ils jettent	ils mangent

préférer[3]
to prefer
je préfère
tu préfères
il préfère
nous préférons
vous préférez
ils préfèrent

[1] *Se lever, mener,* and *se promener* are conjugated similarly.
[2] *Appuyer, employer, essayer, essuyer, nettoyer,* and *payer* are conjugated similarly.
[3] *Célébrer, espérer,* and *suggérer* are conjugated similarly.

Irregular Verbs

aller   *to go*
Present   je vais, tu vas, il va, nous allons, vous allez, ils vont

s'asseoir   *to sit down*
Present   je m'assieds, tu t'assieds, il s'assied, nous nous asseyons, vous vous asseyez, ils s'asseyent

avoir   *to have*
Present   j'ai, tu as, il a, nous avons, vous avez, ils ont
Passé Composé   j'ai eu

boire   *to drink*
Present   je bois, tu bois, il boit, nous buvons, vous buvez, ils boivent
Passé Composé   j'ai bu

conduire   *to drive*
Present   je conduis, tu conduis, il conduit, nous conduisons, vous conduisez, ils conduisent
Passé composé   j'ai conduit

connaître   *to know*
Present   je connais, tu connais, il connaît, nous connaissons, vous connaissez, ils connaissent
Passé Composé   j'ai connu

courir   *to run*
Present   je cours, tu cours, il court, nous courons, vous courez, ils courent
Passé composé   j'ai couru

croire   *to believe*
Present   je crois, tu crois, il croit, nous croyons, vous croyez, ils croient
Passé Composé   j'ai cru

devoir   *to have to, to owe*
Present   je dois, tu dois, il doit, nous devons, vous devez, ils doivent
Passé Composé   j'ai dû

dire   *to say*
Present   je dis, tu dis, il dit, nous disons, vous dites, ils disent
Passé Composé   j'ai dit

dormir   *to sleep*
Present   je dors, tu dors, il dort, nous dormons, vous dormez, ils dorment
Passé Composé   j'ai dormi

écrire[4]   *to write*
Present   j'écris, tu écris, il écrit, nous écrivons, vous écrivez, ils écrivent
Passé Composé   j'ai écrit

être   *to be*
Present   je suis, tu es, il est, nous sommes, vous êtes, ils sont
Passé composé   j'ai été

faire   *to do, to make*
Present   je fais, tu fais, il fait, nous faisons, vous faites, ils font
Passé Composé   j'ai fait

---

[4] *Décrire* is conjugated similarly.

lire *to read*

Present je lis, tu lis, il lit, nous lisons, vous lisez, ils lisent
Passé Composé j'ai lu

mettre[5] *to put*

Present je mets, tu mets, il met, nous mettons, vous mettez, ils mettent
Passé Composé j'ai mis

partir *to leave*

Present je pars, tu pars, il part, nous partons, vous partez, ils partent

pouvoir *to be able*

Present je peux, tu peux, il peut, nous pouvons, vous pouvez, ils peuvent
Passé composé j'ai pu

prendre[6] *to take*

Present je prends, tu prends, il prend, nous prenons, vous prenez, ils prennent
Passé Composé j'ai pris

recevoir *to receive*

Present je reçois, tu reçois, il reçoit, nous recevons, vous recevez, ils reçoivent
Passé Composé j'ai reçu

savoir *to know*

Present je sais, tu sais, il sait, nous savons, vous savez, ils savent
Passé Composé j'ai su

servir *to serve*

Present je sers, tu sers, il sert, nous servons, vous servez, ils servent
Passé Composé j'ai servi

sortir *to go out*

Present je sors, tu sors, il sort, nous sortons, vous sortez, ils sortent

venir[7] *to come*

Present je viens, tu viens, il vient, nous venons, vous venez, ils viennent

voir *to see*

Present je vois, tu vois, il voit, nous voyons, vous voyez, ils voient
Passé Composé j'ai vu

vouloir *to want*

Present je veux, tu veux, il veut, nous voulons, vous voulez, ils veulent
Passé Composé j'ai voulu

[5] *Permettre* and *promettre* are conjugated similarly.
[6] *Comprendre* and *apprendre* are conjugated similarly.
[7] *Revenir* is conjugated similarly.

French-English Vocabulary

The French-English vocabulary contains all the words and expressions that appear in this text. Words and expressions that were presented in the *Vocabulaire* or *Expressions utiles* sections are followed by the number of the lesson in which they were presented. Words and expressions presented in the preliminary lessons are followed by the letter of the preliminary lesson. Words and expressions that are not followed by a number or a letter appear in readings, optional readings, or activities where they were glossed, or are obvious cognates.

A

à in, to *C*; at, on *G*
à bord on board
à bientot see you soon *C*
à cause de because of
à destination de bound for
à droite to the right *14*
à gauche to the left *14*
à la française in the French style
à la mode in style, in fashion *16*
à l'arrière in (to) the back
à l'avance in advance
à l'avant to (in) the front
à pied on foot *6*
à point medium (steak) *6*
à table at the (dinner) table
à tout à l'heure see you in a while *C*
abandonner to abandon
l'accent (*m*) accent
accentué, -e stressed, accented
le pronom accentué (*m*) stress pronoun
accepté, -e accepted
accepter to accept
l'accessoire (*m*) accessory *16*
l'accident (*m*) accident
accidenté, -e damaged
accompagner to accompany
l'accord (*m*) agreement
l'accordéon (*m*) accordion
l'achat (*m*) purchase

acheter to buy *8*
l'activité (*f*) activity *A*
les actualités (*f*) TV news
l'addition (*f*) check (restaurant) *6*
additionner to add up
l'adjectif (*m*) adjective
admirer to admire
admis, -e admitted
adorable adorable
adorer to adore, to love *5*
l'adresse (*f*) address *25*
aérien, -ne aerial *9*
la ligne aérienne (*f*) airline *9*
aérobic aerobic
l'aéroport (*m*) airport *9*
affectueusement affectionately
affreux, -se terrible
africain, -e African
Afrique Africa
l'âge (*m*) age *7*
âgé, -e old
plus âgé older
l'agent de police (*m*) police officer *23*
agité, -e excited
agréable nice, pleasant
aider to help *9*
aigu, -ë acute
aimable pleasant, kind
aimer to like, to love *5*
l'album (*m*) album
l'album de timbres (*m*) stamp album
algérien, -ne Algerian
à l'heure on time
l'Allemagne (*f*) Germany
aller to go *6*
tout va bien all is well
ça va I'm fine
ça va? how are you? *B*
l'aller (*m*) one-way ticket *11*

aller et retour (*m*) round-trip ticket *11*
allô hello (on telephone) *17*
alors then, so *3*
l'alphabet (*m*) alphabet
alsacien, -ne of or from Alsace
l'amateur (*m*) amateur *20*
l'ambiance (*f*) atmosphere
américain, -e American *1*
l'ami, -e boy friend, girl friend *2*
petit(e) ami(e) (*m, f*) boyfriend, girlfriend
amicalement in a friendly way
amitiés regards
l'amphithéâtre (*m*) amphitheater
l'an (*m*) year *7*
le Jour de l'An New Year's Day
ancien, -ne ancient
anglais (*m*) English
faire de l'anglais to study English *8*
l'animal, animaux (*m*) animal *20*
animé, -e animated
l'année (*f*) year
l'anniversaire (*m*) birthday *5*
l'annonce (*f*) announcement
annoncer to announce *17*
annuel, -le annual
l'anorak (*m*) ski jacket *10*
s'apercevoir to be aware (of)
l'apéritif (*m*) drink (before a meal) *22*
l'appareil-photo (*m*) camera

389

l'appartement (*m*)
apartment 7

appeler to call 21

s'appeler to be called or
named 21

je m'appelle... my
name is . . . 21

l'appétit (*m*) appetite

apporter to bring

apprendre to learn 12

apprendre à to learn
how 12

appuyer to press (a
button) 25

après after G

après-demain the day
after tomorrow

l'après-midi (*m*) afternoon
G

de l'après-midi in the
afternoon G

l'architecture (*f*)
architecture

les arènes (*f*) ancient Roman
amphitheater

l'argent (*m*) money 8

l'argent fou (*m*) a lot of
money

s'arrêter to stop 23

arrière behind

à l'arrière to (in) the
back

arrivée (*f*) arrival

arriver to arrive 5

l'arrondissement (*m*)
section of Paris

l'art (*m*) art

l'artère (*f*) main road

l'article (*m*) article

l'article défini definite
article

l'article indéfini
indefinite article

artificiel, -le artificial

l'artiste (*m, f*) artist

l'ascenseur (*m*) elevator
13

l'ascension (*f*) ascension

s'asseoir to sit down 22

assez enough 4

l'assiette plate 18

l'assiette creuse soup
plate 18

assis, -e seated 22

assister (à) to attend 16

l'atelier (*m*) studio 7

Atlantique Atlantic

attendre to wait for 10

attention! careful!

faire attention (à) to
watch out for 8

attentivement
attentively

atterrir to land 9

attirer to attract

au (à + le) 6

au contraire on the
contrary 3

au moins at least

au revoir good-bye C

audacieux, -euse bold

aujourd'hui today F

aussi also 2

aussi... que as . . . as
13

l'auto (*f*) automobile

l'autobus (*m*) bus

automatique automatic

automatisé, -e
automated

l'autoroute (*f*) highway
23

autour de around 24

autre other

l'auvent (*m*) canopy

aux (à + les) 6

avance advance

à l'avance in advance

avant before

à l'avant to the (in)
front

avec with 6

l'aviateur (*m*) aviator

l'aviation (*f*) aviation

l'avion (*m*) airplane 9

par avion by airplane

l'avocat, -e (*m, f*) lawyer

avoir to have 7

avoir besoin de to
need 13

avoir chaud to be
warm 13

avoir envie de to want
to, to feel like 13

avoir faim to be
hungry 13

avoir froid to be cold
13

avoir mal à... to have a
sore . . . 19

avoir raison to be right
13

avoir soif to be thirsty 13

avoir tort to be wrong 13

B

les bagages (*m*) baggage 9

la baguette loaf of French
bread 8

le bain bath 12

le bain de soleil
sunbathing 12

le bain de mer
swimming in the ocean
12

balnéaire of, pertaining
to bathing 12

la station balnéaire
seaside resort 12

le bandeau headband 19

la banderole banner

la banlieue suburb 18

la banque bank

le banquier, la banquière
banker

les bas collants (*m*)
pantyhose 16

le base-ball baseball

le bateau boat 24

le bateau à voiles
sailboat 24

le bateau-pompe fire
boat

le bâton ski pole 10

battre to beat

battre des mains to
clap hands

bavarder to chat 22

beau, bel, belle, beaux
handsome, pretty 13

Il fait beau to be nice
(weather) 5

beaucoup a lot, many,
much 5

la Belgique Belgium

besoin need

avoir besoin de to
need 13

le beurre butter 18

le bicentenaire bicentennial

la bicyclette (*f*) bicycle 20

le bidon (*m*) can

bien very 8; well B

eh bien well, so 14

bien affectueusement
very affectionately

bien cuit well-done
(steak) 6

bien sûr of course

bien sûr que non of
course not

bientôt soon

   à bientôt see you soon

C

bienvenue welcome

la bière beer

le bikini bikini

le billet ticket *9*

   le billet aller et retour
   (*m*) round-trip ticket
   11

le biniou Breton bagpipes

la biologie biology

le bistro bistro, café

  bizarre bizarre, strange

  blague joke

   sans blague no kidding
   4

  blanc, blanche white *14*

  blesser to wound

  bleu, -e blue *14*

   bleu clair light blue

   bleu foncé dark blue

  blond, -e blond *1*

le blouson waist-length
  jacket *16*

le blue-jean blue jeans *16*

  boire to drink *20*

le bois woods, forest

la boîte box; can (foods) *8*

  la boîte aux lettres
  mailbox *25*

le bol bowl *18*

  bon, -ne good *13*

   bon marché
   inexpensive *14*

   bon voyage! have a
   good trip! *9*

   de bonne heure early

  bonjour hello

  bonsoir good evening

le bord side *12*

   à bord on board

   au bord de la mer at
   the seashore *12*

  bordé, -e bordered

la botte boot

   la botte de cowboy
   cowboy boot

   la botte de moto
   motorcycle boot

   la botte de ski ski boot
   10

la bouche mouth *19*

le boucher, la bouchère
  butcher *8*

la boucherie butcher shop
  8

la boucle d'oreille
  earring *16*

le boulanger, la boulangère
  baker *8*

la boulangerie bakery *8*

la boule ball *10*

   la boule de neige
   snowball *10*

les boules (*f*) French lawn
  bowling game

   jouer aux boules to
   bowl

le boulevard boulevard

la boum party

le bout end

la bouteille bottle

la boutique shop *16*

le bouton button

la boxe boxing

   faire de la boxe to box

le bras arm *19*

  bravo! well done! *20*

le Brésil Brazil

la Bretagne Brittany

  breton, -ne of or from
  Brittany

le bridge bridge (cards)

  brillant, -e sparkling

  briller to shine *5*

la brioche type of bun

la brique brick

  bronzé, -e tanned

se bronzer to get a tan

se brosser to brush *21*

le bruit noise

  brun, -e dark-haired *1;*
  brown *14*

le bureau de tabac
  tobacconist's shop *22*

C

  ça that *2*

   ça fait combien? how
   much does that cost?

   ça ne fait rien that's
   okay *16*

   ça va I'm fine

   ça va? how are you? *B*

   où ça? where's that?

le cadeau gift

le café coffee

   le café au lait coffee
   with milk

   le café filtre strong,
   filtered coffee

le café café, bistro *22*

la caisse cash register *15*

le caissier, la caissière
  cashier *15*

  calculer to add up

le, la camarade friend, chum

   le, la camarade de
   classe classmate

le cameraman camera
  operator

la campagne countryside

le camping camping

   faire du camping to go
   camping *21*

   le terrain de camping
   campground *21*

le Canada Canada

  canadien, -ne Canadian
  9

le canal canal

la cantine cafeteria

le capot hood of a car *23*

la caravane camper *21*

le carnet booklet (of tickets)
  13

la carotte carrot

   la carotte rouge
   tobacconist's sign in
   France

le carrefour intersection *23*

la carte map *23*

   la carte routière road
   map *23*

la carte card *9*

   la carte
   d'embarquement
   boarding pass *9*

   la carte postale
   postcard *25*

le cas case, instance

   dans ce cas in that
   case

le casse-cou daredevil

la cassette cassette *17*

le catalogue catalog

  ce, cet, cette, ces this,
  that, these, those *11*

   ce... -ci this *11*

   ce... -là that *11*

   ce soir tonight

la ceinture belt *16*

   la ceinture de
   sécurité seat belt *23*

  célèbre famous

  célébrer to celebrate *14*

  celtique Celtic

le centre-ville central
  section of a city *18*

la cérémonie   ceremony
certain, -e   certain
c'est   it is, that is   D
   c'est ça   that's right   2
   c'est chouette   that's
      neat   2
   c'est dommage   that's
      too bad   5
   c'est l'essentiel   that's
      the important thing   2
chacun   each one
   chacun à son goût   to
      each his own
la chaîne   channel
   (television)
le chalet   chalet, mountain
   cabin
la chambre   room, bedroom
   la chambre à coucher
      bedroom
le champagne   champagne
le champion, la championne
   champion   20
le championnat
   championship
la chance   luck
   bonne chance!   good
      luck!
le chandail   sweater   14
changer (de)   to change
la chanson   song   5
chanter   to sing   5
le chanteur, la chanteuse
   singer
chaque   each
charmant, -e   charming,
   cute
le charmeur de serpents
   snake charmer
le chat   cat   7
le château   castle
chaud, -e   warm   13
   avoir chaud   to be
      warm   13
   il fait chaud   it is warm
      (weather)
chauffer   to overheat (car)
la chaussette   sock   14
la chaussure   shoe   14
le chemin   path   21
la chemise   shirt   14
le chemisier   blouse
   14
cher, chère   expensive;
   dear   8
   moins cher   less
      expensive

chéri, -e   dear, darling
chercher   to look for   23
le cheval, les chevaux
   horse   20
les cheveux (m)   hair   19
chez   at the house of   8
chic   stylish   16
le chien   dog   7
le chocolat   chocolate
   le chocolat chaud   hot
      cocoa
choisir   to choose   9
le choix   choice
chouette   neat, cool   2
   c'est chouette   that's
      neat   2
   vachement chouette
      really neat
le cidre   sparkling cider
le ciel   sky   5
le cinéma   movie theater
circonflexe   circumflex
   (accent)
la circulation   traffic   23
les ciseaux (m)   scissors
la citronnade   lemon soda
   22
le citron pressé   lemonade
   22
clair, -e   clear, light
   bleu clair   light blue
la classe   class   4
   deuxième classe
      second class   11
classique   classic
la clé   key
le client, la cleinte   client
   16
le clignotant   directional
   signal   23
le coca   cola
le code postal   zip code
   25
le cœur   heart   19
le coffre   trunk (of a car)
   23
le coin   corner
le colis   package   25
le collant   tights, leotard   19
la collection   collection
   collectionner   to collect
le collège   junior high school
le collier   necklace   16
combien (de)   how many,
   how much   7
   à combien?   what is the
      price of

ça fait combien?   how
   much is that
   (altogether)?
combien sont?   how
   much are they?
comble   full
comique   funny
commander   to ask for,
   to order   6
comme   like, as
   comme ci comme
      ça   so-so   6
commémoratif, -ve
   commemorative
commémorer   to
   commemorate
le commencement
   beginning
commencer   to begin   21
comment   how   3
le compagnon   companion
la comparaison   comparison
le compartiment
   compartment (in a train)
   11
complet, -ète   complete
complètement   completely
compléter   to complete
comprendre   to
   understand   12
compris, -e   included
le comptoir   counter   9
le concert   concert
la condition   condition
le conducteur, la
   conductrice   driver   23
conduire   to drive   23
   le permis de conduire
      driver's license
confortable
   comfortable
connaître   to know, to be
   acquainted with   23
connu, -e   known
les conserves (f) en boîtes
   canned foods   8
considérer   to consider
consister en   to consist of
   24
la console de
   projection   movie
   projector
la consommation   drink (in
   a café)   22
la construction   construction
construit, -e   built
contenir   to contain

content, -e happy, pleased, content *2*

continuel, -le continual

continuer to continue

le contraire contrary

  au contraire on the contrary *3*

contre against

le contrôle de sécurité security checkpoint *9*

contrôler to control *23*

le contrôleur, la contrôleuse conductor on a train *11*

convenable suitable

la conversation conversation

converser to converse

le copain friend, chum *3*

la copine friend, chum *3*

la correspondance connection

  la station de correspondance connecting station (train)

corriger to correct

le costume men's suit; costume *16*

la côte coast

le cou neck

se coucher to go to bed *21*

la couchette sleeping compartment on a train *11*

la couleur color *14*

la coupe cup (trophy) *20*

  couper to cut *18*

courant, -e current, present

  au courant de up to date with

le coureur, la coureuse runner, racer

  le coureur cycliste bicycle racer *20*

courir to run *19*

le courrier mail *25*

  courrier ordinaire surface mail

la course race *20*

  faire des courses to go shopping

  faire les courses to do the daily food shopping *8*

court, -e short *16*

le cousin, la cousine cousin

le couteau knife *18*

coûter to cost

la couture fashion *16*

  la haute couture high fashion *16*

le couturier fashion designer *16*

le couvert place setting *18*

couvert, -e covered

le cow-boy cowboy

la cravate tie *14*

la crème cream *18*

la crémerie dairy shop *8*

le crémier, la crémière dairy merchant *8*

crier to shout

croire to believe *16*

  je crois bien I do believe

le croissant type of pastry

le croque-monsieur grilled ham and cheese sandwich

cruel, -le cruel

la cuiller spoon *18*

la cuisine cooking, kitchen *18*

culturel, -le cultural

curieux, -euse curious

le cyclisme bicycling

D

d'abord to begin with

d'accord all right *2*

  d'ac OK *2*

la dame lady

  les dames checkers

dangereux, -euse dangerous *23*

dans in *1*

  dans ce cas in that case

danser to dance *5*

d'après according to

la date date *F*

  quelle est la date? what is the date? *F*

dater de to date from

de of *2;* from *4*

  de bonne heure early

  de nouveau again

  de plus more *4*

débarrasser to clear (the table) *18*

le débutant, la débutante beginner *10*

décorer to decorate

décrire to describe

défini, -e definite

  l'article défini (*m*) definite article

le degré degree *10*

déjà already *18*

le défilé parade

  défilé de mannequins fashion show *16*

le déjeuner lunch

  le petit déjeuner breakfast

délicieux, -euse delicious *14*

demain tomorrow

  après-demain day after tomorrow

demander to ask; to ask for *6*

demi, -e half *G*

démodé, -e out of style *16*

le démon demon

la dent tooth *19*

le, la dentiste dentist

le départ departure

le département department

se dépêcher to hurry

dépenser to spend

  des (de + les) *7*

descendre to descend, to go down *10*

la descente descent

la description description

désirer to want *5*

le dessert dessert

le dessin drawing

  dessiné, -e sketched

le destinataire addressee *25*

la destination destination

le détail detail

détester to detest *5*

deuxième second *7*

  deuxième classe second class *11*

  le deuxième étage third floor *7*

deuxièmement secondly

devant in front of *15*

deviner to guess

devoir to have to, should, ought, to owe *20*

les devoirs (*m*) homework *18*

le diabolo menthe lemon soda with peppermint syrup *22*

le dialogue dialogue

le diamant diamond

le dictateur dictator

la dictée dictation

dicter to dictate

le dictionnaire dictionary

différent, -e different

difficile difficult *4*

dîner to dine *6*

le dîner dinner *11*

dire to say *18*

dis donc look here! *2*

direct, -e direct

la direction direction

la discussion discussion

discuter to discuss *22*

le disque record album *5*

distribuer to distribute *25*

la doctrine doctrine

le doigt finger *19*

dommage; c'est dommage that's too bad *5*

donc therefore

dis donc look here! *2*

donner to give *5*

dormir to sleep *11*

d'où? from where

la douche shower *21*

le doute doubt

le drame drama, play

droit, -e right *14*

du (de + le) of the, from the

E

l'eau (*f*) water *8*

eau minérale mineral water *8*

les échecs (*m*) chess

l'école (*f*) school *1*

économique economical

économiser to save (money)

écouter to listen to *5*

écrire to write *18*

l'écriteau (*m*) notice, sign

l'écrivain (*m*) writer

l'écureuil (*m*) squirrel

l'édifice (*m*) building

l'effort (*m*) effort

faire des efforts to try

l'église (*f*) church

élaborer to elaborate

électronique electronic

élégant, -e elegant

l'élève (*m, f*) student *1*

elle (*subj. pronoun*) she *1;* (*stress pronoun*) her *12*

elles (*subj. pronoun*) they *3;* (*stress pronoun*) them *12*

embarquement (*m*) boarding

carte (*f*) **d'embarquement** boarding pass *9*

embrasser to kiss

l'émission (*f*) broadcast

l'émotion (*f*) emotion

l'employé, -e (*m, f*) employee *9*

employer to use *25*

en in, by *4*

en avion by plane *11*

en face de opposite *25*

en panne broken down *23*

en présence de in the presence of

en solde on sale *14*

en solitaire solo

en vacances on vacation

en ville into town *6*

en voiture! all aboard!

l'encombrement (*m*) traffic jam *23*

encore still, yet

pas encore not yet

encourager to encourage

endommagé, -e damaged

s'endormir to fall asleep *21*

l'endroit (*m*) place, spot

s'énerver to get excited

l'enfant (*m, f*) child *7*

s'ennuyer to be bored

énorme enormous

enregistrer to register

faire enregistrer to check (baggage) *9*

ensuite afterward, then

entendre to hear *10*

enthousiaste fan, enthusiast *3*

entier, entière entire

entre between

l'entrée (*f*) entrance *13*

entrer to enter

les Envahisseurs (*m*) **de l'espace** Space Invaders

l'enveloppe (*f*) envelope *25*

l'envie (*f*) desire

avoir envie de to want *13*

envoyer to send *25*

l'époque (*f*) era

l'équipe (*f*) team *20*

l'équipement (*m*) equipment

l'escalier (*m*) staircase

l'escalier mécanique (*m*) escalator *13*

espagnol, -e Spanish

espérer to hope *14*

l'esquimau (*m*) ice cream sandwich *22*

l'essai (*m*) essay

essayer to try *25*

l'essence (*f*) gasoline *23*

essentiel; c'est l'essentiel that's the important thing *2*

essuyer to wipe *25*

l'est (*m*) East *E*

est-ce is it *E*

est-ce que (qu') (indicates a question) *2*

et and *B*

et toi? and you? *B*

établir to establish

l'étage (*m*) story, floor (of a building) *7*

l'étape (*f*) stage, leg (of a race) *24*

l'état (*m*) state

les Etats-Unis (*m*) United States

l'été (*m*) summer *5*

éternel, -le eternal

étrange strange, foreign

l'étranger (*m*); **à l'étranger** abroad

être to be *2*

l'étudiant, -e (*m, f*) college student

européen, -ne European

eux them *12*

l'événement (*m*) event

évidemment evidently

éviter to avoid

exact, -e exact

excellent, -e excellent

l'excursion (*f*) excursion

l'exemple (m) example
  par exemple for
    example
l'exercice (m) exercise
l'existentialisme (m)
    existentialisme
l'expéditeur, expéditrice
    (m, f) sender 25
l'expérience (f) experience
l'expert (m) expert
  expliquer to explain
l'exposition (f) exhibit
l'express (m) strong
    French coffee
l'expression (f) expression
  exquis, -e exquisite
l'extérieur (m) exterior
  à l'extérieur outside
  extra super

F

le fabricant manufacturer
la fabrication manufacture
  fabriquer to manufacture
  face; en face de opposite
    25
  facile easy 4
le facteur, la factrice mail
    carrier 25
  faible weak 3
la faim hunger 13
  avoir faim to be
    hungry 13
  faire to do, to make 8
  faire attention to pay
    attention 8
  faire de la boxe to box
  faire de la guitare to
    play the guitar 8
  faire de la
    gymnastique to do
    gymnastics 19
  faire de l'anglais to
    study English 8
  faire de la
    photographie to go
    in for photography 8
  faire de la planche à
    voile to windsurf 12
  faire de la plongée
    sous-marine to scuba
    dive, to go snorkeling
    12
  faire des efforts to try
  faire du français to
    study French 8

faire (continued)
  faire du jogging to jog
    19
  faire du pédalo to go
    pedal boating
  faire du piano to play
    the piano 8
  faire du ski to go
    skiing 10
  faire du ski nautique
    to water-ski 12
  faire du sport to go in
    for sports 8
  faire du volley to play
    volleyball
  faire enregistrer to
    check (baggage) 9
  faire la queue to stand
    in line 15
  faire des courses to go
    shopping 8
  faire un voyage to
    take a trip 8
  il fait... (used with
    weather expressions)
    5
  ne t'en fais pas! don't
    worry about it 13
  falloir to be necessary
  il faut... it is necessary
    to . . .
la famille family 7
le, la fana fan
le, la fanatique fanatic
  fantastique fantastic 2
le fantôme phantom
  fasciné, -e fascinated
  fatigué, -e tired
  fauché, -e flat broke
le fauteuil armchair
  faux, fausse false
  faveur; en faveur de in
    favor of
  favori, -ite favorite
les félicitations (f)
    congratulations
  féliciter to congratulate
  féminin, -e feminine
la femme woman 18
  fermé, -e closed
la fermeture closing
le fermier, la
    fermière farmer
la fête party; saint's day 5
  fêter to celebrate
le feu rouge red light
    23

le feuilleton soap opera
  fichu, -e ruined, "shot"
  fidèle faithful
la figure face 19
la fille daughter 7; girl 1
le film movie
le fils son 7
  fini, -e finished
  finir to finish 9
le flipper video game
    machine 17
la fois time
  folklorique ethnic
  foncé, -e dark (color)
    bleu foncé dark blue
  fonctionner to work
    (machinery) 23
le fond bottom
le football soccer
    le football américain
      football
la forêt forest
la forme shape
    en forme in shape 19
  former to form
  formidable terrific, great
    5
  fort, -e strong 3
la foule crowd 20
la fourchette fork 18
la fraise strawberry 8
le franc unit of French
    currency
le français French 4
    faire du français to
      study French 8
  Français, -e French
    person
  français, -e French 1
  fréquenter to frequent
le frère brother 3
  froid, -e cold 10
    avoir froid to be cold
      13
    il fait froid the weather
      is cold 10
le fromage cheese 15
le front forehead 19
la frontière border
le fruit fruit 8
la fuite leak

G

le gagnant winner 20
  gagner to win 20
le gala gala, ball

le gant glove
le garage garage
le garçon boy *D;* waiter
  6
la gare train station *11*
le gâteau cake, pastry *18*
  gauche left *14*
    à gauche to the left
    14
  le général, les généraux
    general *20*
  généralement generally
  généreux, -euse generous
    14
les gens (*m*) people
  géographie (*f*) geography
  géographique geographic
le geyser (*m*) geyser
la glace ice
    le hockey sur glace ice
      hockey
    le patin à glace ice
      skate
  glisser to slide
le golf golf
    le golf miniature
      miniature golf
la gorge throat *19*
le gourmet gourmet
le gouvernail rudder
le gouvernement
    government
  grand, -e tall, big, wide
    1
    le grand magasin
      department store *14*
la grand-mère grandmother
le grand-père grandfather
les grands-parents (*m*)
    grandparents
  grave serious
  grec, grecque Greek
la grenadine pomegranate
    syrup with water *22*
la griffe designer label *16*
  gris, -e gray
  grossir to gain weight
    18
le guichet ticket window
    10
le guide guide (person)
le guide guidebook
    le guide téléphonique
      telephone book
la guitare guitar *8*
    faire de la guitare to
      play the guitar *8*

le, la guitariste guitarist
le gymnase gymnasium
la gymnastique gymnastics
    faire de la
      gymnastique to do
    gymnastics *19*

H

  habiller to dress
    21
  s'habiller to get dressed
    21
  habiter to live *5*
  haché, -e chopped
    viande hachée (*f*)
    ground meat
le hamburger hamburger
le haricot bean *8*
    les haricots verts
      green beans *8*
la haute couture high
    fashion *16*
  hélas! alas!
le héros hero
  hésiter to hesitate
l'heure (*f*) hour *G*
    à l'heure per hour
    à quelle heure? at
      what time? *G*
    à tout à l'heure see
      you in a while *C*
    quelle heure est-il?
      what time is it? *G*
  heureusement
    fortunately
  heureux, -euse happy
    14
  hier yesterday *17*
l'histoire (*f*) history; story
  historique historic
l'hiver (*m*) winter *10*
le hockey field hockey
    le hockey sur
      glace ice hockey
le homard lobster
l'homme (*m*) man *24*
l'honneur (*m*) honor
    en l'honneur de in
      honor of
l'horaire (*m*) timetable
    11
l'hôtesse (*f*) hostess
  hou! boo! *20*
  hourrah! hooray! *20*
l'huile (*f*) oil *23*
  huit eight *E*

l'huître (*f*) oyster
  hygiénique sanitary
    papier hygiénique
      toilet paper *8*

I

  ici here
l'idée (*f*) idea
  il (*subj. pronoun*) he, it
    1
    il est... heures it is . . .
      o'clock *G*
    il fait it is (with
      weather expressions)
    5
l'île (*f*) island *5*
l'illustration (*f*)
    illustration
  ils (*subj. pronoun*) they *3*
  il y a there is, there are
    7
  imiter to imitate
  immédiat, -e immediate
l'immeuble (*m*) apartment
    house *7*
l'impatience (*f*) impatience
  impatient, -e impatient
l'impératif (*m*) command
    form of a verb
l'imperméable (*m*)
    raincoat *16*
  important, -e important
l'impression (*f*) impression
  impressionnant, -e
    impressive
  incroyable! unbelievable!
    4
    incroyable mais vrai
      unbelievable but true!
    4
  indéfini, -e indefinite
    l'article indéfini
      indefinite article
l'indicateur (*m*) arrivals/
    departures board *9*
  indiquer to indicate *23*
  Indochine Indochina
  industrialisé, -e
    industrialized
l'industrie (*f*) industry
l'infinitif (*m*) infinitive
l'influence (*f*) influence
  inspiré, -e inspired
  installation sanitaire
    washing facilities
l'instant (*m*) moment

la **main** hand *19*
maintenant now
mais but *4*
  mais non no! *3*
  mais si yes! *4*
la **maison** house
la **majorité** majority
le **mal** pain *19*
  avoir mal à to have a
  sore ... *19*
mal badly *B*
  pas mal not bad
malheureusement
unfortunately
la **Manche** English Channel
manger to eat *21*
le **mannequin** fashion
model *16*
  le défilé de
  mannequins
  fashion show *16*
le **manteau** coat *16*
le **marchand, la marchande**
merchant *8*
  marchand(e) de
  légumes greengrocer
le **marché** market *8*
  bon marché
  inexpensive *14*
  marché aux puces
  flea market
marcher to walk
le **mari** husband *18*
le **marin** sailor *24*
marquer to score *25*
martiniquais, -e of or
from Martinique
masculin, -e masculine
le **match** game (sports)
  match nul tied game
  20
les **mathématiques** (*f*)
mathematics
  les maths (*f*) math
le **matin** (*m*) morning *G*
  du matin A.M., in the
  morning *G*
mauvais bad
me (*object pronoun*) me
24
le **mécanicien, la**
mécanicienne
mechanic *23*
mécanique mechanical
  escalier mécanique
  escalator *13*
méchant, -e naughty

meilleur, -e better *13*
  meilleur(e) que better
  than *13*
le **meilleur, la meilleure**
the best
mélancolique sad
même same
mener to lead *21*
mentionner to mention
le **menu** menu *6*
la **mer** sea *5*
  le bain de mer a swim
  in the ocean *12*
  au bord de la mer at
  the seashore *12*
merci thank you *D*
la **mère** mother *7*
merveilleux, -euse
marvelous *5*
mes (*pl*) my *9*
les **messieurs** (*m pl*)
gentlemen
la **météo** weather forecast
le **mètre** meter
le **métro** subway *13*
  ligne de métro subway
  line *13*
mettre to put, to place
18
  mettre la table to set
  the table *18*
  se mettre en route to
  set out (on a trip)
les **meubles** (*m pl*) furniture
mexicain, -e Mexican
le **Mexique** Mexico
midi noon *G*
le **Midi** the south of France
minéral, -e, -aux mineral
8
  l'eau minérale (*f*)
  mineral water *8*
minuit midnight *G*
le **miroir** mirror *21*
la **mode** style
  à la mode in style
  16
le **modèle** model
moderne modern
se moderniser to
modernize
moi me *12*
  moi aussi me too
moins (with time) ...
minutes to ... *G*
moins less, minus *10*
  au moins at least

moins *(continued)*
  il fait moins deux
  degrés it is two
  degrees below zero *10*
  le moins, la moins, les
  moins the least *14*
  moins que less than
  13
le **moment** moment
  en ce moment at this
  time
mon, ma, mes my *9*
le **monde** world
  tout le monde
  everyone *2*
le **moniteur, la**
monitrice ski
instructor *10*
le **Monopoly** Monopoly
monsieur (*m*) Mr. *A*
le **mont** (*m*) mount,
mountain *10*
la **montagne** mountain *10*
  monter to climb, to go up
  10
  monter une tente to
  pitch a tent *21*
la **montre** watch
  montrer to show *9*
le **monument** monument
mort, -e dead
  il/elle est mort(e)
  he/she died
le **moteur** motor *23*
la **moto** motorcycle
  les bottes (*f*) **de moto**
  motorcycle boots
la **motocyclette**
motorcycle
mourir to die
le **moustique** mosquito
moyen, -ne middle,
average
muet, -te silent
municipal, -e, -aux
municipal *20*
murmurer to murmer
le **musée** museum
la **musique** music
mystérieux, -euse
mysterious

N

nager to swim *12*
la **nappe** tablecloth *18*
la **natation** swimming

la **nation** nation

naturel, -le natural

naturellement naturally

nautique nautical *12*

  ski nautique water

  skiing *12*

naviguer to navigate

ne (n') not *2*

  ne... jamais never *16*

  ne... pas not *2*

  ne... rien nothing *16*

  ne t'en fais pas! don't

  worry about it! *13*

  ne t'inquiète pas!

  don't worry about it!

la **nécessité** necessity

la **négation** negative

négligé, -e neglected

la **neige** snow *10*

  la boule de neige

  snowball *10*

  neiger to snow *10*

nerveux, -euse nervous

14

  n'est-ce pas isn't that so?

2

le **nez** nose *19*

le **Noël** Christmas

noir, -e black *14*

le **nom** name *25*

le **nombre** number *E*

nombreux, -euse

numerous

nommer to name

non no *2*

  non plus no more, no

  longer

le **nord** north

normand, -e of or from

Normandy

nos our *9*

la **note** grade

notre, nos our *9*

la **nourriture** food

nous (*subject*) we *4*

  (*object*) us *24*

nouveau, nouvel,

  nouvelle new *13*

  de nouveau again

la **nouvelle** news *17*

la **Nouvelle Ecosse** Nova

Scotia

la **nuit** night

  nuit et jour night and

  day

le **numéro** number

11

O

l'**objet** (*m*) object

l'**océan** (*m*) ocean

obligatoire mandatory

l'**œil**, (*m*), **les yeux** eye

19

l'**œuf** (*m*) egg

  oh là là dear me *2*

l'**oignon** (*m*) onion

l'**omelette** (*f*) omelette

on (*indefinite*

  pronoun) they, people,

  we, you, one *9*

l'**oncle** (*m*) uncle

l'**opinion** (*m*) opinion

  le sondage d'opinion

  public opinion poll

orange orange (color)

14

l'**orange** (*f*) orange (fruit)

18

l'**orangeade** (*f*) orange

  soda *22*

ordinaire ordinary

  le courrier ordinaire

  surface mail

  d'ordinaire usually

l'**ordinateur** (*m*) computer

9

l'**oreille** (*f*) ear *19*

organisé, -e organized

original, -e, -aux

  original *20*

l'**origine** (*f*) origin

  d'origine originally

ou or

où where

  où ça? where's that?

oublier to forget

l'**ouest** (*m*) west *23*

  de l'ouest of or from

  the west

oui yes *B*

ouvert, -e open

l'**ouvrier, -ère** (*m, f*)

  worker

P

le **pain** bread *8*

la **paire** pair

la **panne** breakdown

  en panne out of order

le **panneau** road sign *23*

le **pantalon** pants *14*

la **papeterie** stationery

  store

le **papier** paper

  le papier hygiénique

  toilet paper *8*

le **paquet** package

par by *9*

  par contre on the

  contrary

  par exemple for

  example

  par terre on the

  ground

le **parachute** parachute

le **paragraphe** paragraph

le **parapluie** umbrella *16*

le **parc** park *10*

parce que because *14*

le **pardon** religious

  procession in Brittany

  pardon! excuse me!

le **pare-brise** windshield

23

le **parent** parent

  les parents (*m*)

  relatives

parfait, -e perfect

le **parfum** perfume

parisien, -ne of or from

  Paris

parler to speak *5*

parmi among

partager to share

participer to participate

le **partitif** partitive

partir to leave *11*

  partir à to leave for (a

  place) *11*

  partir de to leave

  (from) (a place) *11*

  partir pour to leave

  for (a place) *11*

partout everywhere

pas not

  pas de problème! no

  problem!

  pas du tout not at all

3

  pas encore not yet

  pas mal not bad *B*

  pas question

  definitely

le **passager, la**

  passagère passenger

9

le **passeport** passport *9*

passer to spend *9*

passionner to excite

le **patin à glace** ice skate

patiner to ice skate *10*

la patinoire skating rink *10*

la pâtisserie pastry shop; pastry *8*

le pâtissier, la pâtissière pastry chef *8*

le patron, la patronne owner, proprietor *22*

pauvre poor

pauvre de moi! poor me!

payer to pay *15*

le pays country *20*

le paysage countryside

le pêcheur fisherman

le pédalo pedal boat

faire du pédalo to go pedal boating

pendant during *5*

la péniche canal barge

perdre to lose *10*

le père father *7*

perfectionner to improve

la perle pearl

le permis license

permis de conduire driver's license

le Pérou Peru

la personnalité personality

la personne person

personnel, -le personal

petit, -e small *1*

le petit dejeuner breakfast

un peu little

un peu plus a little more

le phare headlight *23*

le, la philosophe philosopher

la philosophie philosophy

philosophique philosophical

la phrase sentence

la photographie photography

faire de la photographie to take photographs *8*

le piano piano *8*

faire du piano to play the piano *8*

la pièce room *7*

le pied foot *19*

à pied on foot *6*

la pierre rock

piloter to pilot *24*

le pique-nique picnic

pique-niquer to go on a picnic

la piscine pool *12*

la piste ski slope *10*

pittoresque picturesque

la pizza pizza

la place place *9*

placé, -e placed

la plage beach *12*

le plaisir pleasure

avec plaisir with pleasure

le plan map *13*

la planche à voile sailboard *12*

faire de la planche à voile to go windsurfing *12*

la plaque license plate *23*

le plateau tray

la plongée diving

plongée sous-marine snorkeling *12*

faire de la plongée sous-marine to snorkel *12*

plonger to dive *12*

la plupart most

le pluriel plural

plus more *13*

le plus, la plus, les plus the most *14*

de plus more *4*

plus... que more ... than *13*

plusieurs many

le pneu tire *23*

pneu à plat flat tire

la poche pocket

comme ma poche like the back of my hand

le poème poem

le poète poet

poinçonner to punch

la pointure shoe size *14*

quelle est votre pointure? what size do you wear? *14*

le poisson fish *8*

la poissonnerie fish store *8*

le poissonnier, la poissonnière fish merchant *8*

le poivre pepper *18*

la politique politics *22*

la pollution pollution

la pomme apple *18*

pommes frites french fries *6*

la pompe à essence gas pump *23*

le, la pompiste gas station attendant *23*

populaire popular *2*

le port port

la porte door *13*; gate *9*

porte d'entrée entryway

porter to wear *12*

le porteur porter *9*

poser to ask

la position position

posséder to possess

la possibilité possibility

la poste post office *25*

le postier, la postière postal clerk *25*

potable drinkable

le pot-au-feu stew *18*

le poulet chicken

pour for *3*

partir pour to set out for *11*

le pourboire tip *6*

le pourcentage percentage

pourquoi? why? *4*

pourquoi pas? why not? *4*

pousser to push

pouvoir to be able *15*

pratiquer to practice

précéder to precede *25*

préféré, -e preferred

la préférence preference

préférer to prefer *14*

préhistorique prehistoric

préliminaire preliminary

le premier first (dates) *F*

premier, première first *13*

premièrement in the first place

prendre to take *12*

prendre un bain de soleil to sunbathe *12*

préparer to prepare *5*

près de near

le présent present

presque almost

la pression pressure *23*

prêter to lend

prévu, -e predicted

Prince Édouard (l'île du) Prince Edward Island

RSVP (Répondez, s'il vous plaît) please respond
la rue street
le rythme rhythm

S

sa his, her, its *9*
le sable sand *12*
le sac bag *21*
  le sac de couchage sleeping bag *21*
  le sac à dos backpack *21*
sacré, -e darned
saignant, -e rare *6*
la saison season *16*
la salade salad *5*
la salle room
  salle à manger dining room
  salle d'attente waiting room *11*
  salle de bains bathroom *21*
  salle de jeux game room
  salle de séjour living room
saluer to greet
salut hi *A*
la sandale sandal *16*
le sandwich sandwich *5*
sanitaire sanitary
sans without
  sans blague! no kidding! *4*
  sans doute without a doubt
la santé health *6*
  être en bonne santé to be healthy *19*
le satellite satellite
satisfait, -e satisfied
sauf except
sauter to jump
sauvage savage
savoir to know *17*
le savon (*m*) soap *8*
le saxophone saxophone
la science science
le Scrabble Scrabble
se (*refl. pronoun*) himself, herself, themselves
secondaire secondary

le, la secrétaire secretary
le séjour living room
le sel salt *18*
la semaine week
  septième seventh
  sérieux, -euse serious *14*
la série series
  serrer to clasp
  se serrer la main to shake someone's hand
le serveur, la serveuse waiter, waitress
le service service
  le libre-service self-serve restaurant
la serviette napkin *18*
servir to serve *11*
ses (*possessive pronoun*) his, her, its *9*
le set placemat *18*
seul, -e alone *6*
  tout seul all alone *6*
seulement only
le short shorts *14*
si if *18*
s'il vous plaît please
similaire similar
sincère sincere *2*
le singulier singular
situé, -e situated
sixième sixth
le ski skiing *10*
  faire du ski nautique to water-ski *12*
  skier to ski
le skieur, la skieuse skier *10*
le snack-bar snack bar
social, -e social *20*
le sondage d'opinion public opinion poll
la sœur sister *3*
la soie silk
la soif thirst *13*
  avoir soif to be thirsty *13*
le soir evening *6*
  ce soir tonight
  du soir in the evening, P.M. *G*
solaire solar *12*
  la lotion solaire suntan lotion *12*
le solde sale
  en solde on sale *14*
le soleil sun *5*

le bain de soleil sunbath *12*
solide solid
solitaire solitary
  en solitaire solo
sombre dark
le sommet summit *10*
le son sound
  son, sa, ses (*poss. pronouns*) his, her, its *9*
la sonnerie ringing
  sortir to leave, to go out *11*
  sortir de to go out of *11*
la soupe soup
souvent often
spécial, -e special
spécialement specially
spécialisé, -e specialized
la spécialité-maison house specialty *15*
spectacle show
le spectateur, la spectatrice spectator *20*
le sport sport *3*
  faire du sport to go in for sports *8*
sportif, -ve athletic *3*
le stade stadium *20*
la station station *10*
  la station balnéaire seaside resort *12*
  la station de correspondance connecting station (train)
  la station de métro subway station *13*
  la station de ski ski resort *10*
  la station de sports d'hiver winter resort *10*
la statue statue
le steak steak *6*
la structure structure
stupide stupid
le style style
le stylo pen
le succès success
le sucre sugar *18*
le sud south
le sud-ouest southwest
suggérer to suggest *14*
suisse Swiss

suivre to follow

le supermarché supermarket 8

supersonique supersonic

sur on 21

surprendre to surprise

la surprise-partie informal party 5

surtout especially

sympa nice 2

sympathique nice 2

le système system

T

ta your 9

la table table 18

mettre la table to set the table 18

le tacot jalopy

la taille size 14

le tailleur women's suit 16

la tante aunt

tard, -e late

la tartine beurrée slice of bread with butter

le tas pile

la tasse cup 18

le tee-shirt T-shirt 14

la télé TV 5

le télégramme telegram 25

le téléphone telephone 5

téléphoner to telephone 5

téléphoner à to call (someone) on the phone 17

téléphonique pertaining to the telephone

le guide téléphonique telephone book

le télésiège chair lift 10

la télévision television 5

la télévision par câble cable television

tellement to such a degree

la tempête storm

le temps weather 5

quel temps fait-il? what's the weather like? 5

les tennis (m) sneakers

le tennis tennis

la tente tent 21

monter une tente to pitch a tent 21

la tenue clothing

le terminus last stop (on a train)

le terrain ground 21

le terrain de camping camp ground 21

le terrain de football soccer field

la terrasse terrace 22

la terrasse de café sidewalk section of a café 22

la terre ground

par terre on the ground

tes your 9

la tête head 19

le théâtre theater

le ticket ticket 10

tiens well, well

le timbre stamp 25

le toast toast

toi (*stress pronoun*) you 12

et toi? and you? B

la toilette bathroom 21

tomber to fall down

ton, ta, tes your 9

le tort wrong 13

avoir tort to be wrong 13

toujours always

le tourisme tourism

le, la touriste tourist

touristique touristic

tourner to turn

le tournois tournament

tout, toute, tous, toutes all, every, each 10

à tout à l'heure see you soon 6

tout de suite right away

tout le monde everyone 2

tous les deux both

tous les matins every morning

tout à coup suddenly

tout nouveau brand new

tout seul all alone; solo 6

tracer to trace

la tradition tradition

le, la traditionaliste traditionalist

traditionnel, -le traditional

le train train 11

traîner to pull

tranquil, -le tranquil

le transistor transistor radio

transporter to transport

le trapèze trapeze

le, la trapéziste trapeze artist

travailler to work 14

traverser to cross

très very 4

la tribu tribe

triste sad 2

la trompette trumpet

trop too, too much

le trophée trophy

tropical, -e, -aux tropical 5

trouver to find

se trouver to be located

tu you

le type guy

le chic type a nice guy

U

un, une one 1

les uns... les autres some ... others 12

l'uniforme (m) uniform

l'URSS (f) U. S. S. R.

l'usine (f) factory

utile useful

utiliser to use

V

les vacances (f) vacation

en vacances on vacation

vachement tremendously

la vague wave 12

la vaisselle dishes 18

faire la vaisselle to do the dishes 18

la valise suitcase 9

la variole smallpox

vas-y! let's go! 20

la vedette launch 24

le vélo bicycle

le vendeur, la vendeuse merchant 8

vendre to sell 10

venir to come 19

le vent wind *10*

    il fait du vent it is windy *10*

le ventre stomach *19*

le verbe verb

    vérifier to check *23*

le verre glass *18*

    vert, -e green *14*

    les haricots verts (*m*) green beans ·*8*

la veste jacket *16*

les vêtements (*m*) clothing *14*

la viande meat *8*

    la viande hachée chopped meat

la victoire victory

vide empty

vidéocassette video tape

le vidéoclub video club

la vie life

    c'est la vie that's life

    jamais de la vie not on your life

    vieux, vieil, vieille old *13*

    mon vieux old buddy

vif, vive lively

vigoureux, vigoureuse vigorous

la ville city *6*

le vin wine *18*

    violent, -e violent

    violet, -ette purple *14*

le, la violoniste violinist

le virage turn, curve *23*

la visite visit

    rendre visite à to pay (someone) a visit

    visiter to visit (a place)

    vite hurry *10*

la vitesse speed

le vocabulaire vocabulary

    voici here is *10*

la voie track *11*

    voilà there is *A*

la voile sail *23*

    le bateau à voile sailboat *23*

    voir to see *16*

    voisin, -e neighbor

voiture (*f*) automobile *23*; subway car *13*

le vol flight *9*

le volant steering wheel *23*

le volley volleyball

    volontiers! with pleasure!

    vos your *9*

    voter to vote

votre, vos your *9*

vouloir to want, to want to *15*

    Je voudrais... I would like . . .

vous you *4*

le voyage trip *8*

    faire un voyage to take a trip *8*

    voyager to travel

vrai, -e true *4*

    c'est vrai that's true *2*

vraiment truly

la vue view

W

le wagon car (in a train) *11*

le wagon-restaurant dining car (on a train) *11*

Y

Y there

    j'y suis! I get it!

les yeux (*m*) eyes *19*

Z

zut! darn *13*

    zut alors! darn it! *13*

English-French Vocabulary

The English-French vocabulary contains only active vocabulary.

A

a, an un, une *1*
a lot, many, much beaucoup *5*
able: to be able pouvoir *15*
accessory l'accessoire (*m*) *1*
activity l'activité (*f*) *A*
to adore, to love adorer *5*
address l'adresse (*f*) *25*
addressee le destinataire *25*
after après *G*
afternoon l'après-midi (*m*) *G*
  in the afternoon de l'après-midi *G*
age l'âge (*m*) *7*
airline la ligne aérienne *9*
airplane l'avion (*m*) *9*
  by plane en avion *11*
airport l'aéroport (*m*) *9*
all tout, toute, tous, toutes *10*
all right d'accord *2*
alone: all alone tout seul *6*
already déjà *18*
also aussi *2*
amateur l'amateur (*m*) *20*
American américain, -e *1*
and et *B*
  and you et toi *B*
animal l'animal (*m*), les animaux *20*
to announce annoncer *17*
to answer répondre (à) *10*
apartment l'appartement (*m*) *7*
apartment house l'immeuble (*m*) *7*
apple la pomme *18*
arm le bras *19*
around autour de *24*
arrivals/departures board l'indicateur (*m*) *9*
to arrive arriver *5*
  as . . . as aussi...que *13*
to ask; to ask for demander (à) *6*
  at à *G*
athletic sportif, -ve *3*

attention: to pay attention faire attention *8*
attic (studio) l'atelier (*m*) *7*
automobile la voiture *23*

B

backpack le sac à dos *21*
badly mal *B*
  not bad pas mal *B*
  that's too bad c'est dommage *5*
bag le sac *21*
  sleeping bag le sac de couchage *21*
baggage le bagage *9*
baker boulanger, -ère (*m, f*) *8*
  bakery la boulangerie *8*
ball la boule *10*
bath le bain *12*
  bathroom la salle de bains *21*; la toilette *21*
  pertaining to bathing balnéaire *12*
  bathing suit le maillot *12*; le maillot de bain *16*
beach la plage *12*
bean le haricot *8*
  green beans les haricots verts (*m*) *8*
to be être *2*
to be acquainted with connaître *23*
because parce que *14*
bed: to go to bed se coucher *21*
before, to (minutes) moins *G*
to begin commencer *21*
to believe croire *16*
below: it is two degrees below zero il fait moins deux degrés *10*
belt la ceinture *16*
  seat belt la ceinture de sécurité *23*
better meilleur, -e *13*
  better than meilleur(e) que *13*
bicycle la bicyclette *20*
big grand, -e *1*
birthday l'anniversaire (*m*) *5*

black noir, -e *14*
blond blond, -e *1*
blouse le chemisier *14*
blue bleu, -e *14*
blue jeans le blue-jean *16*
to blush rougir *18*
boat le bateau *24*
boo! hou! *20*
booklet le carnet *13*
  ticket booklet le carnet de tickets *13*
bottle la bouteille *8*
boulder le rocher *12*
bowl le bol *18*
box la boîte *8*
boy le garçon *D*
bread le pain *8*
brother le frère *3*
brown brun, -e *14*
to brush se brosser *21*
building l'immeuble (*m*) *7*
but mais *4*
  no! mais non *3*
  yes! mais si *4*
butcher boucher, -ère (*m, f*) *8*
  butcher shop la boucherie *8*
butter le beurre *18*
to buy acheter *8*
by en, par *9*
  by train en train, par le train *11*
  by plane en avion *11*

C

café le café *22*
  café: sidewalk section la terrasse de café *22*
cake, pastry le gâteau *8*
to call appeler *21*
  to be called or named s'appeler *21*
  my name is . . . je m'appelle... *21*
camper la caravane *21*
camping: to go camping faire du camping *21*
  camp ground le terrain de camping *21*
can (food) la boîte *8*

Canadian canadien, -ne *9*
car (in a train) le wagon *11*
  dining car (on a train) le wagon-restaurant *11*
card la carte *9*
cashier caissier, -ière *15*
cash register la caisse *15*
cassette la cassette *17*
cat le chat *7*
to celebrate célébrer *14*
  chair-lift le télésiège *10*
  champion champion, -ne *20*
to chat bavarder *22*
  check (restaurant) l'addition (f) *6*
  checkpoint le contrôle *9*
    security checkpoint le contrôle de sécurité *9*
to check vérifier *23*
to check (baggage) faire enregistrer *9*
to check the oil vérifier l'huile *23*
to check the pressure vérifier la pression *23*
  cheese le fromage *15*
  child l'enfant (m, f) *7*
  choose choisir *9*
  city la ville *6*
    city (central section) le centre-ville *18*
  class la classe *4*
    second class deuxième classe *11*
to clear (the table) débarrasser *18*
  client client, -e (m, f) *16*
to climb monter *10*
  clothing les vêtements (m) *14*
  coat le manteau *16*
  cold froid, -e *13*
    to be cold avoir froid *13*
    it's cold weather il fait froid *10*
  color la couleur *14*
to come venir *19*
to come back revenir *19*
  compartment (in a train) le compartiment *11*
  computer l'ordinateur (m) *9*
  conductor (on a train) contrôleur, -euse (m, f) *11*
to consist of consister en *24*
  content (pleased) content, -e *2*
to control contrôler *23*

counter le comptoir *9*
country le pays *20*
course (race) la course *20*
cream la crème *18*
crowd la foule *20*
cup la tasse *18*
cup (trophy) la coupe *20*
curve le virage *23*
to cut couper *18*

D

dairy: dairy shop la crémerie *8*
  dairy person crémier, -ère (m, f) *8*
damage le dommage *5*
to dance danser *5*
dangerous dangereux, -euse *23*
dark-haired brun, -e *1*
darn! zut! *13*
  darn it! zut alors! *13*
date date (f) *F*
  what is the date? quelle est la date? *F*
daughter la fille *7*
dear me! oh là là! *2*
degree le degré *10*
delicious délicieux, -euse *14*
department (in a store) le rayon *14*
department store le grand magasin *8*
to descend descendre *10*
to detest détester *5*
difficult difficile *4*
to dine dîner *6*
  dinner le dîner *11*
  directional signal le clignotant *23*
to discuss discuter *22*
  dishes la vaisselle *18*
    to do the dishes faire la vaisselle *18*
  dishwasher le lave-vaisselle *18*
to distribute distribuer *25*
to do, to make faire *8*
  dog le chien *7*
  door la porte *13*
  dress la robe *14*
to dress habiller *21*
  to get dressed s'habiller *21*
  drink (before a meal) l'apéritif (m) *22*

drink (in a café) la consommation *22*
to drink boire *20*
to drive conduire *23*
  driver conducteur, conductrice (m, f) *23*
  during pendant *5*

E

ear l'oreille (f) *19*
earring la boucle d'oreille *16*
East l'est (m) *E*
easy facile *4*
to eat manger *21*
  elevator l'ascenseur (m) *13*
  employee employé, -e (m, f) *9*
  English l'anglais (m) *8*
    to study English faire de l'anglais *8*
  enough assez *4*
  entrance l'entrée (f) *13*
  envelope l'enveloppe (f) *25*
  escalator l'escalier mécanique (m) *13*
  evening le soir *G*
    in the evening (P.M.) du soir *G*
  everyone tout le monde *2*
  expensive cher, chère *8*
  eye œil (m), yeux (pl) *19*

F

face la figure *19*
to fall asleep s'endormir *21*
  family la famille *7*
  fan (enthusiast) enthousiaste (m, f) *3*
  fantastic fantastique *16*
  fashion la couture *16*
    fashion designer le couturier *16*
    fashion model le mannequin *16*
    fashion show le défilé de mannequins *16*
    high fashion la haute couture *16*
  father le père *7*
to feel like, to want to avoir envie de *13*
to fill remplir *18*
  fine: I'm fine ça va *B*
  finger le doigt *19*
to finish finir *9*

first (dates) le premier *F*

first premier, première *13*

fish le poisson *8*

  fish merchant poissonnier, -ère (*m, f*) *8*

  fish store la poissonnerie *8*

flight le vol *9*

floor (of a building) l'étage (*m*) *7*

  third floor le deuxième étage *7*

  ground floor le rez-de-chaussée *7*

food: canned foods les conserves (*f*) en boîtes *8*

foot le pied *6*

  on foot à pied *6*

for pour *3*

forehead le front *19*

fork la fourchette *18*

French français, -e *8*; le français *8*

  to study French faire du français *8*

french fries les pommes frites *6*

friend ami, -e (*m, f*) *2*

  friend (chum) le copain, la copine *3*

from de *2*

front; in front of devant *15*

fruit le fruit *8*

G

to gain weight grossir *18*

game: tied game le match nul *20*

gasoline l'essence (*f*) *23*

  gas pump la pompe à essence *23*

  gas station attendant pompiste (*m, f*) *23*

  gas tank le réservoir *23*

general le général, les généraux *20*

generous généreux, -euse *14*

to get up se lever *21*

girl la fille *1*

to give donner *5*

glad content, -e *2*

glass le verre *18*

to go aller *6*

  let's go vas-y *20*

  to go down descendre *10*

to go out sortir, sortir de *11*

good bon, -ne *13*

good-bye au revoir *C*

great: that's great c'est formidable *5*

green vert, -e *14*

  green beans les haricots verts (*m*) *8*

ground le terrain *21*

  camp ground le terrain de camping *21*

guitar la guitare *8*

  to play the guitar faire de la guitare *8*

gymnastics la gymnastique *19*

  to do gymnastics faire de la gymnastique *19*

H

hair les cheveux (*m*) *19*

half demi, -e *G*

ham le jambon *15*

hand la main *19*

handsome beau (bel, belle, beaux) *13*

happy content, -e *2*; heureux, -euse *14*

to have avoir *7*

  to have to, should devoir *20*

he, it (*subj. pronoun*) il *1*

head la tête *19*

headband le bandeau *19*

headlight le phare *23*

health la santé *19*

  to be in good health être en bonne santé *19*

to hear entendre *10*

heart le cœur *19*

hello (on telephone) allô *17*

to help aider *9*

her elle (*stress pronoun*) *12* (*poss. pronoun*) son, sa, ses *9*

  (to) her (*indirect object*) lui *25*

here is voici *10*

hi salut *A*

highway l'autoroute (*f*) *23*

him (*direct object*) le *23*

  (to) him, (to) her (*indirect object*) lui *25*

his (*poss. pronoun*) son, sa, ses *9*

hold the line ne quittez pas *17*

homework les devoirs (*m*) *18*

hood (of a car) le capot *23*

hooray! hourrah! *20*

to hope espérer *14*

horse le cheval, les chevaux *20*

hour l'heure (*f*) *G*

house: at the house of chez *8*

  house specialty la spécialité-maison *15*

how comment *3*

how are you? ça va? *B*

how many, how much combien (de) *7*

hunger la faim *13*

  to be hungry avoir faim *13*

hurry! vite! *10*

husband le mari *18*

I

I (*subj. pronoun*) je *2*

I get it! j'y suis! *14*

ice cream la glace *22*

ice cream sandwich l'esquimau (*m*) *22*

to ice skate patiner *10*

  ice skating rink la patinoire *10*

if si *18*

ill: to be ill être malade *19*

in à *C*; dans *1*; en *4*

  in front of devant *15*

indicate indiquer *23*

inexpensive bon marché *14*

intelligent intelligent, -e *1*

interesting intéressant, -e *2*

international international, -e *20*

intersection le carrefour *23*

island l'île (*f*) *5*

it: (*subj. pron.*) il, elle *1*

  it is (referring to weather) il fait... *5*

  it is ... o'clock il est... heure(s) *G*

  is it est-ce *E*

  what is it qu'est-ce que c'est? *2*

its (*possessive pronoun*) son, sa, ses *9*

J

jacket la veste *16*
waist-length jacket le
blouson *16*
jazz le jazz *5*
to jog faire du jogging *19*

K

kilo le kilo *8*
kilometer le kilomètre *23*
kitchen la cuisine *18*
knife le couteau *18*
to know savoir *17*
**to know, to be acquainted
with** connaître *23*

L

label: designer label la griffe
16
to land atterrir *9*
language, tongue la langue
19
launch la vedette *24*
to lead mener *21*
to learn apprendre *12*
to learn how apprendre à
12
least: the least le, la, les
moins *14*
**to leave (something or
someone)** laisser *6*
to leave (depart) partir *11*
**to leave for (a
place)** partir à, partir
pour *11*
**to leave from (a
place)** partir de *11*
left gauche *14*
to the left à gauche *14*
leg la jambe *19*
to have sore legs avoir mal
aux jambes *19*
legwarmer la jambière *19*
lemonade le citron pressé *22*
lemon soda la citronnade *22*
leotard le collant *19*
less moins *10*
less than moins que *13*
letter (postal) la lettre *25*
license plate la plaque *23*
light: red light le feu rouge
23
to like aimer *5*

line la ligne *9*
subway line la ligne de
métro *13*
to listen to écouter *5*
liter le litre *23*
to live (in a place) habiter (à)
5
loaf (of French bread) la
baguette *8*
local local, -e *20*
long long, -ue *16*
to look at regarder *5*
to look for chercher *23*
look here! dis donc! *2*
to lose perdre *10*
to lose weight maigrir *18*
lot: a lot beaucoup *5*
lotion la lotion *12*
suntan lotion la lotion
solaire *12*
to love aimer *5*

M

magnificent magnifique *2*
to make, to do faire *8*
mail le courrier *25*
mail carrier facteur, factrice
(*m, f*) *25*
mailbox la boîte aux lettres
25
man l'homme (*m*) *24*
many beaucoup de *5*
map la carte *23*; le plan *13*
road map la carte routière
23
market le marché *8*
marvelous merveilleux, -euse
5
me (*stress pronoun*) moi *12*
me (*obj. pronoun*) me *24*
meat la viande *8*
mechanic mécanicien, -ne (*m,
f*) *23*
medium (steak) à point *6*
menu le menu *6*
men's suit le costume *16*
merchant marchand, -e (*m, f*)
8; vendeur, -euse (*m, f*) *8*
midnight minuit *G*
milk le lait *8*
mineral minéral, -e, aux *8*
mineral water l'eau
minérale (*f*) *8*
**minutes to ... (with
time)** moins *G*
mirror le miroir *21*

miss mademoiselle *A*
money l'argent *8*
more plus *14*; de plus *4*
more ... than plus... que *13*
morning le matin *G*
in the morning (A.M.) du
matin *G*
most: the most le plus, la
plus, les plus *14*
mother la mère *7*
motor le moteur *23*
mount le mont *10*
mountain la montagne *10*
mouth la bouche *19*
Mr. monsieur *A*
Mrs. madame *A*
much beaucoup *5*
municipal municipal, -e, -aux
20
my mon, ma, mes *9*

N

name le nom *25*
my name is ... je m'appelle...
21
napkin la serviette *18*
nautical nautique *12*
neat (cool) chouette *2*
that's neat c'est chouette
2
necklace le collier *16*
to need avoir besoin de *13*
nervous nerveux, -euse *14*
never ne... jamais *16*
new nouveau, nouvel,
nouvelle *13*
what's new? quoi de neuf?
17
news la nouvelle *17*
newspaper le journal, les
journaux *18*
nice sympa, sympathique *2*
it is nice (weather) il fait
beau *5*
no non *2*
no kidding sans blague *4*
noon midi *G*
nose le nez *19*
not ne (n')... pas *2*
nothing ne... rien *16*
number le nombre *E*; le
numéro *11*

O

of de *2*
oil l'huile (*f*) *23*

to work travailler *14*
to work (machinery)
   fonctionner *23*
to worry s'en faire *13*
   don't worry about it ne
      t'en fais pas *13*
to write écrire *18*
   wrong le tort *13*
      be wrong avoir tort
         13

Y

year l'an (*m*), l'année (*f*) *7*
yellow jaune *14*
yes oui *B*
yesterday hier *17*
you tu, vous (*subject
   pronoun*) *2, 4;* toi, vous
   (*stress pronoun*) *5, 12*
   and you? et toi? *B*

young jeune *13*
   young people les jeunes
      gens (*m*) *13*
your ton, ta, tes *9;* votre, vos
   9

Z

zip code le code postal *25*

Index